要么重启，要么淘汰

优衣库总裁柳井正的6大经营哲学

吴春雷 金跃军 ◎ 著

中国经济出版社
CHINA ECONOMIC PUBLISHING HOUSE
北京

图书在版编目（CIP）数据

要么重启，要么淘汰：优衣库总裁柳井正的6大经营哲学/吴春雷，金跃军著．
北京：中国经济出版社，2013.9
ISBN 978－7－5136－2288－2
Ⅰ.①要… Ⅱ.① 吴…② 金… Ⅲ.①服装工业—工业企业管理—经验—日本
Ⅳ.①F431.368

中国版本图书馆CIP数据核字（2013）第023191号

责任编辑	彭	欣
责任审读	贺	静
责任印制	张江虹	
封面设计	久品轩	

出版发行	中国经济出版社	
印 刷 者	三河市佳星印装有限公司	
经 销 者	各地新华书店	
开 本	880mm×1230mm　1/32	
印 张	6.375	
字 数	130千字	
版 次	2013年9月第1版	
印 次	2013年9月第1次	
书 号	ISBN 978－7－5136－2288－2/C·372	
定 价	32.00元	

中国经济出版社 网址 www.economyph.com 社址 北京市西城区百万庄北街3号 邮编 100037
本版图书如存在印装质量问题，请与本社发行中心联系调换（联系电话：010－68319116）

版权所有　盗版必究（举报电话：010－68359418　010－68319282）
国家版权局反盗版举报中心（举报电话：12390）　　服务热线：010－68344225　88386794

许多经营者都误解了"成功"的真正意义。自己认为完成了一件大事，这根本不能说是"成功"，搞不好是犯了"名为成功的失败"。一点点小成功，应该要立刻抛开，不该一味沉醉在小成功里。

——柳井正

序言 PREFACE

他，永远只给自己70分；他，敢用9次失败换取1次大胜利；他，是史上首位靠卖平价服装成为日本首富的人；他，被日本515位企业社长票选为最佳社长。他是柳井正，全球第四、亚洲第一大平价服装品牌——优衣库创办人。他的制胜格言是——立刻忘掉当下的成功！

39年前，柳井正还只是日本山口县一家小西装店的老板。如今，他在日本东京极为重要的商业地段——六本木的中心点，从31层楼的办公室眺望窗外：晴朗的天空下，美丽的富士山好似一把悬空倒挂的扇子,显得完美无瑕疵、端庄秀丽。

眺望远山,回首走过的路:从小店铺的运营到优衣库商业帝国的建立,柳井正始终一个人在支撑全局,他以一颗年轻人的大脑,指挥千军万马,在服装领域的残酷厮杀中,披荆斩棘,不断刷新传奇纪录,以身价76亿美元,连续两年荣登日本首富。

不过,即使站在能够眺望富士山高度的办公大楼里,他依然把别人眼中的巨大成功视为小成功,把所谓的成功视为失败的起源。他以自我否定作为前进的终极动力,厌恶任何形式的自我感觉良好。

优衣库事业发展到2002年,优衣库上市后首次出现业绩下滑,加上一年前的海外伦敦设点并没有如愿达到3年内拓展海外店50家的计划,这让一向冷静的柳井正开始反思:自己年过半百,应交出权力指挥棒,让更优秀的年轻人掌舵公司沉浮。56岁时,柳井正首先革新了自己——辞去社长(总经理)一职,让位给39岁的玉冢元一,自己担任会长(董事长),退居第二线。

然而,玉冢时代的优衣库,营收未能实现明显成长,获利也开始缓步下滑。与对手ZARA、H&M的差距也越来越大,距离世界第一的目标,显得遥不可及。

退居二线的柳井正,在2005年以董事长身份参加了优衣库全球店长大会后,心有不满,彻底下决心结束赋闲状态,重掌优衣库帅印。

2005年9月,柳井正再一次坐在优衣库总经理的位置上,同时兼任公司的董事长。重披战袍的柳井正亲临现场,从生产部门、产品采购、研发、营销,到经营管理等部门,逐一巡查,开始对公司内部进行结构改革,采取了各种措施和手段,提出"倒空成功、二次创业"的挑战口号!柳井正相信经营企业一定要怀抱"正常的危机感",如果做不到这一点,公司只有死路一条。

柳井正重掌兵符后,从2005年底起,优衣库业绩又开始快速增长。他以无限的热情和全部的努力不断开拓、不断刷新自己所创造的历史奇迹。在他超人般意志的领导下,2008年与2009年金融海啸中,他依然率领优衣库交出漂亮的成绩单,营收高于ZARA、H&M,并在纽约、伦敦、巴黎、上海等国际都市中最热闹、昂贵的街区,开起了一家家大型旗舰店。

人们惊呼柳井正时代再次来临之时,他本人却再次考虑让位事宜。他只把自己的这次出山称作救场,坚信应该忘掉当下的成功,寻找更为优秀的接班人,认为只有瞩目未来,才能创造新的辉煌。

本书从柳井正回归着笔,系统描述了柳井正回归后,面对成长中的优衣库所犯的大企业病,如何一一操刀进行手术的经典过程。通过对柳井正的个人观点的提炼,结合优衣库一路成长的轨迹,在回顾与反思中,让读者体验优衣库跌宕起伏的发展历程,聆听柳井正在创新、超越、全球化、人才培养等方面的智慧教诲。

柳井正,这个投入毕生精力的创业老顽童,是位渴望重写纺织业历史、服装业历史、零售业历史的具有划时代意义的经

序言

营者，有着立即忘掉当下成功的创业态度，奉行现场主义、打破用人制度、挑战高科技研发极限，一步步地将竞争对手挑于马下，并将全球各领域精英招至麾下，在不断改写辉煌、创造新的奇迹之时，与众多业界内外的先辈后生们，为人类的进步和消费理念的改革，不断书写出新的篇章。

本书的撰写，旨在为渴望成功的商业人士、团队及个人，包括在创业、经营、职场中已经取得较高成绩的中小企业管理层人士及对经营管理感兴趣的读者朋友们提供激励人心的创业、成长理念和不断超越既有成绩的方式方法，并真诚希望更多的成功人士与柳井正一起，关注员工成长问题、承担起更多更广泛的社会责任，在不断将工作方法从优秀提升到卓越的进程中，也将个人与组织的心智不断提升、成熟。

最后要说的是，柳井正"立即忘掉当下成功的经营哲学"，与孟子的"生于忧患，死于安乐"不谋而合。正所谓，智者的智慧总是惊人地相似，两个智者都要告诉我们这样一个道理：唯有永远处在忧患意识中，才能步步为营，努力挑战下一个巅峰，若一味沉溺于眼前的光彩，必将失去向上攀爬的力量。

成功的人总会经历一些我们难以想象的挫折和磨难。那么，在本书中让我们一起揭开笼罩在日本首富柳井正身上的神秘光环，一同走进他波澜壮阔的创业经营之路。

目录 CONTENTS

第 1 章　兴灭：生于忧患，死于安乐

挑战是最有力的成长 / 003

挣脱常识的束缚 / 006

面对问题，自我革新 / 010

接受并纠正失败 / 013

安定是最大的风险 / 016

输赢成败皆由人 / 019

否定廉价取胜 / 024

永远比别人快半步 / 028

越主动越成功 / 032

第2章 创业：再启动——在反省和改进中超越

- 反思中，寻新路 / 037
- 重新激活自我 / 042
- 从"自然人"到"优衣库人" / 044
- 肥胖的大象无法翩翩起舞 / 047
- 告别成功公式 / 051
- 现场才会有答案 / 054
- 重拾信赖 / 057
- 全球化·集团化 / 061
- 旁观者清 / 064
- 以全新方式运转 / 068

第3章 倒空：成功——创造新高度

- 发现新大陆 / 073
- 放下"最好"，赢得更好 / 076
- BRATOP革命 / 079
- 打破规则 / 082
- 拆除自筑围墙 / 086
- 适宜的附加信息值 / 090
- 缔造时尚图腾 / 093
- 适时战略转换 / 096
- 向顾客发出情书 / 100
- 正面影响力 / 103
- 真正的成功 / 105

第 4 章 以世界为舞台：一流公司的长青之道

与强者携手 / 111

借力而为 / 113

开创新时代 / 116

思维派生商机 / 120

超低价营销 / 123

帅酷 Logo 傲视全球 / 126

实施大并购 / 130

重在参与 / 132

面向世界的橱窗 / 136

再秀时尚之都 / 137

瞩目中国，改变世界 / 141

第 5 章 正视现实，顺应时代，自发地做出改变

优衣库 "+J" 的化学反应 / 147

中国网售，名利双收 / 151

UNIQLOCK：超语言宣传利器 / 155

直面女性职员问题 / 159

培养世界上顶级的经营者 / 161

以 100 分为目标去经营 / 165

顾客的创造 / 168

第 6 章 完善自我，秉承社会责任

承担社会责任／175

开展回收计划／177

公开道歉／179

雇用残障人员／181

濑户内海橄榄基金等 CSR 活动／182

每周 4 天无加班日／184

附录　柳井正经典语录／187

第 1 章 兴灭：生于忧患，死于安乐

挑战是最有力的成长

孟子曾经说过:"生于忧患,死于安乐。"也就是说,居安思危,才能再接再厉,达到事业的高峰。

日本经营之神稻盛和夫也说过:如果你想追求卓越,一定要肯超越障碍,而最大的障碍就是追求安逸的惰性。人都有惰性,强迫自己向前行的确不容易,但是看到自己付出的心血终于开花结果,那种喜悦将是无与伦比的。

柳井正是个优秀的创业家,优衣库从初创到快速成长期的辉煌业绩,几乎都是他一个人指点江山的成果。但是,要让优衣库发展成为世界超级品牌,他自认需要更具挑战精神的领头人,接过手中的接力棒,率领团队,向更高的目标狂奔。这是柳井正的个人期盼,也代表着优衣库的积极成长。

2002年5月上旬,柳井正请副总经理泽田出任总经理一职,但是泽田此时却计划开创一家真正属于自己的企业,而最终辞去副总经理的职务,离开了优衣库。6月1日,玉冢接任副总经理,并在11月召开的股东大会之后的董事会上,请他出任总经理,而柳井正自己则只担任董事长一职。这样,一个新的以玉冢为核心的管理团队开始了一个新的前进历程。

然而,玉冢接手优衣库的时期,正好是摇粒绒服饰的热潮逐渐退去的青黄不接的时期。在相当长的一段时间中,优衣库没有可以拿得出手的新款服装来吸引消费者。2003年,优衣库的销售业绩跌到了史无前例的最低点。尽管在玉冢的努力下,从2003年开始,优衣库的经营状况日渐好转,但因为他采取的是"稳中求胜"的经营策略,所以优衣库想要在短时间内恢复往日的辉煌,具有相当的难度。

2004年8月,召开了玉冢社长新体制下的第一次年度决算,销售额为3 299亿日元,税前利润为641亿日元,与去年的同期相比,实现了增收增益。也就是说,销售和利润都实现了增长。一年后的2005年8月的年度决算,销售额虽为3 839亿日元,是增收的,但税前利润却为586亿日元,与去年同期相比下降了8.6%,效益是减少的。

对此数据,柳井正的看法是,销售下滑态势停止了,连续两年实现了增收,这应该受到鼓励,但获益减少是不行的。如果因为公司战略目标的调整因素而引发的收益减少,是可以理解的;但是,若因害怕冒险而失去机会,一味追求稳步前进,势必会影响公司的整体发展,甚至垮掉。

柳井正很快意识到,正是由于各个部门实现了业绩的谷底反弹，因而放松了紧张的战斗神经和积极前进的成长脚步，这便是效率开始降低的信号。这和他当年启用玉冢为首的年轻团队的初衷截然不符。

年轻应该意味着挑战和旺盛的工作斗志和夜以继日的奋斗精力，可如今，高素养的管理反倒抑制了挑战的胆识。创业和经营应该像狩猎一样，看准机遇后就应主动出击，而不要害怕冒险，冒险是提高收益的一种方法。单纯地求稳，只会让思想变得越发保守，从而失去优衣库引领潮流的价值。

这个已过60岁的老人开始不满这些年轻人的成长惰性，甚至担心自己一手创造的优衣库是否还能再创造辉煌。"抓住机遇、放手一搏"和"让企业稳中求胜"的两种经营理念，如今摆在了一个肯于放手拼搏的老人面前。

以这种模式发展的优衣库，完全不符合柳井正对公司发展的理想期盼。柳井正认为，要让玉冢带领优衣库成为可以在全球范围内活跃的企业，或成为不断改革创新的企业，照此发展态势，恐怕很难。

如果优衣库的目标是能在全球拓展市场，而不仅仅是在日本国内发展，那就必须抓住有利时机，积极挑战。

在评价玉冢这一段时间的运作表现时，柳井正说："玉冢的确非常优秀，不过却让我感受到优秀人才在经营能力上的极限，至少他没办法从根本上改变这家公司。这件事不单是玉冢一个人的责任，而是当时整个董事会的成员都让我感受到了在经营能力上的极限。"

2005年9月，柳井正决定重掌江山。他再一次坐在优衣库总经理的位置上，同时兼任公司的董事长。

复出后的柳井正，开始对生产销售现场进行巡视和检查。他看到的现状是：企业丢弃了以往的冒险精神，已经染上了大企业病。长此以往企业很快就会倒闭。

经过一系列的改革举措，到2008年8月的决算，销售总额达到5 864亿日元，营业利润为874亿日元，税前利润为856亿日元。经过日日夜夜的努力，改革终于结出了丰硕的成果，有一大批如HEATTECH等高质量的商品推向了市场。

柳井正更加坚信：经营公司，如果稍有懈怠，就可能瞬间猝死。所以，经营公司必须时时刻刻怀揣着适度的危机感。要想让公司更好地、持续地成长发展，"满足现状"则是可悲、愚蠢的。一个公司，必须经常否定现状，持续地进行改革。反之，如果做不到这一点，公司只有死路一条。

挣脱常识的束缚

"改变服装、改变常识、改变世界"，这是柳井正贴在自己公司墙上的一句著名口号。所谓的常识，就是众所周知的认识、知识，而打破常识，则意味着将既定的行业认识打破，这是需要极高的经商智慧和商业眼光。

普遍的服装行业人士认为，对服装消费需求这块蛋糕，每一个竞争对手都应该使出浑身解数去抢占更多的市场占有率。也就是说，市场占有率的高低直接决定了行业竞争的成败。可柳井正却认为这是常识性的认知错误，是他们将思路停留在了这个有限的市场中。以西服为例，如果各个竞争方都将西服作为竞争产品，盲目抢占市场占有率，想借此提高销售利润，这是个荒谬的认识。简单地说，卖西装的仅仅在卖西装，而不是将其他服饰销售搭配其中，积极进行配套销售，最终西装单一的销售竞争模式必然会失败。

柳井正是这样思考行业竞争的：如果是西装，还有什么比西装更有魅力，对消费者来说有什么产品比西装本身更具吸引力呢？通过跳开僵化的思维常识，从另一个或多个角度思考问题，才不会出现大家在一个狭窄的巷子里争抢一个钱袋子里的钱这样让人尴尬的现象。

社会经济的高速发展，让更多休闲一族脱颖而出，他们喜爱悠闲、精致的生活方式。服装作为日常消费品之一，如果能够打破世俗设计理念，真正做到为人而做，那必将打破过去服装对人性的掩饰和束缚。

据此理念为初衷，在服装的定位上，优衣库摒弃单一销售西装模式，而是坚持把现代、简约、高品质且易于搭配的服装提供给更多休闲一族。与那些流行时装或个性很强的款式服装相比，优衣库服装是"造服于人，平价优质的休闲服"，更注重日常生活中穿着舒适、老少皆宜、做工讲究的生活服装。这也是柳井正所坚持的、真正的时尚。这种时尚涉及生活的各个方面，如衣着打扮、饮食、出行、居住，甚至情感表达与思考方式等。

在冬日寒风肆虐之时，优衣库曾经以摇粒绒这一旷世之作震惊了服装界。在传统的概念中，双面绒是一种贵族用品。但是在原宿店开张的时候，优衣库实行了把低价进行到底的政策，他们售卖的摇粒绒的服装只有1 900日元。柳井正说："我们是极速爆发出来的小企业，如果不拼命宣传，世界就无法知道我们的存在。"因此，优衣库新开发的这款杰作，乘着原宿店开张的东风迅速火遍了日本全国。

而在中国，优衣库也打出了"轻薄时尚，暖意随身"的口号，柳井正要让每一位优衣库的顾客"告别单调，让你成为今冬街头炫目的风景"。在这句广告语的背后，明显地看出优衣库一直在沿着亲民的路线走下去，不但给了顾客最简洁舒适的设计，还给了顾客最亲和的穿衣体验。

作为新品的摇粒绒，内衬是毛茸茸的吸热保温材料，摸上去手感十分柔软，这一点使其得到追求时尚的年轻人尤其是女孩子的追捧。既然能够得到这样一群人的青睐，优衣库的时尚之路就等于打破了行业常识，打造出属于自己的服装风格。

同时，因为柳井正还担任着软银的涉外董事一职（软银集团于1981年由孙正义先生在日本创立并于1994年在日本上市，它主要致力IT产业的投资，包括网络和电信）。因此，柳井正意识到，科技的发展已经不可一日而语，想要把优衣库带到一个新的高度，便离不开科技力量的推动。

目前，中国正处于经济转型的关键时期，而网络购物的热潮早已经席卷了整个华夏大地。因此，柳井正在率领优衣库进军中国的时候，他做出了一个最正确的决定——与中国的网购之父马云进行合作。

优衣库在淘宝网的旗舰店开张仅仅半年，其交易额就破纪录地突破了 55 万元人民币。优衣库旗舰店，顺理成章地变成了淘宝网上的第一服装店。网络的触手有效地弥补了优衣库实体店无法做到的事情，这更让优衣库的名字开始进入世界各地的寻常百姓家，优衣库和淘宝网的合作无疑是最典型的成功案例。当新世纪的第一个十年过去后，优衣库也进入了全新的电子商务时代，网络店铺和实体店铺相辅相成，共同为柳井正打造着全球化的蓝图。

同时，网络上的如火如荼也带动了优衣库实体店的销售。之前，柳井正曾经说过："我确信 2010 年春天在中国上海开设的全球旗舰店，将引爆优衣库在中国的市场需求。"现如今，2010 年已经远去，而当时上海旗舰店的开张也确实成为了各大媒体热议的话题。

生活比我们所感受的要广阔得多，尚有未知的"常识"等待富于创新、挑战精神的人去探索，很多新的深度有待探索，很多更好的新鲜事物等待勇敢的人去发现和品尝。

柳井正不知道机会将在具体哪一刻到来，但是他始终用唯一的办法去防止错过——那就是时刻保持最佳状态。他始终对优衣库人强调：今天思考的每一步，行动的每一步，都会为明天埋下伏笔。

所以，有人这样评价柳井正，如果他和一个最佳牌技的人打牌，即使他拿到的是最坏的牌，也会以平常心对待，不抱怨、不妥协，只是尽力将它打得最好。因为，柳井正认为，每一次出牌，都与结果息息相关。

面对问题，自我革新

在每天的商业活动中，必须要认真地看准现场、现物、现实，不掺杂妄想，尽可能熟识顾客及市场，不输于现实同时抱持理想，以创新的方法、最快的速度奔跑于领先地位。

这是柳井正关于自我成长、公司成长的清醒认知，也是对优衣库人的严格要求。

2005年优衣库遭受到了空前的经济危机，这一年，是柳井正重新回到迅销公司的第一年。面对波涛汹涌的金融海啸浪潮，优衣库如果再一味地把眼光锁在日本国内市场，无疑等于放弃了做大做强的时机。

为了挽救在下坡路上狂奔的优衣库战车，柳井正回归总经理职位后，针对职员普遍存在的工作懒散、消极思维占先的工作状态，提出了面对成长，必须思考的一些问题。他希望通过这些问题，告诫全体优衣库人，永远不要因循守旧，一个优秀的员工要有敢于否定自己的精神，在有好的创意和想法的时候要能够做到立即执行。只有保持"即断、即决、即行"的工作态度，才能让大家共有的优衣库充满足够的能量，快速成长。

柳井正对员工提出的具体问题如下：

你是每天工作最认真的那一个人吗？

你的工作对象有对你的工作作出较高评价吗？

你是最熟知现场的那一个人吗？

你能在现场发现并解决问题吗？

你有从各个角度去审视实物吗？

你有了解到最糟糕的现实状况，并找到最合适的解决方案吗？

你比世界上的任何人都忠于自己的职务吗？

你比任何人都熟知顾客的需求吗？

为了顾客你今天做了什么？

今天来我们店铺购物的每一位顾客都满意而归吗？

你比任何人都了解如今的市场状况以及竞争对手的每一步棋吗？

你有胜过竞争对手下一步棋的策略吗？

对自己的工作抱有理想吗？

有没有把理想摆在最重要的位置上？

你的工作比世界上的任何人都具有创新性吗？

你工作的基础及想法的源头现实吗？

为了成为世界第一，你是不是比任何人都付出更多努力？

……

柳井正希望优衣库的员工能够认真回答这些问题，并且在实际行动中寻找答案。

通过这些问题的提出，他想要传达给优衣库员工的理念是——一家企业想要在日趋激烈的市场竞争中获胜，需要有长远的思考能力和敢于否定自我的革新能力。面对风行的潮流，没有人可以用一己之力去改变流行风尚的走向，因此只有不断革新自我，才能始终保持和潮流相一致的步伐。优衣库最根本的问题在于，企业的成长，必须依靠优衣库中每一个"螺丝钉"在思想上的转变。只有真正去面对这些问题并真心去解决这些问题，才能够做到顺应社会潮流。

对于一个常规公司的普通职员来讲，对自己进行以上的提问，完全是不现实的事情。他们不会意识到这些问题的严肃性和宝贵性，更不可能保证这些问题的公正性和自发性。因为普通人都是用自己认定的标准来衡量世界，而不是用一个相对大众而言，较为严苛的标准来衡量自己，所以这个世界上缺少的并不是一般规模的公司和公司中无数碌碌无为的员工。

对优衣库的员工来说，社长柳井正提出的"自我革新"的理念无疑是在为企业的更好发展服务。柳井正一直以来都想要把优衣库做到休闲服装业的第一名，他希望自己的员工能够全力去执行所配给的任务，但同时也要有能力从既往的任务中发现缺陷并及时改正。一家企业能否在国际市场的竞争中获胜，首先靠的是产品的质量，其次就是企业的软服务。在这一点上，只有经营者的经营思路转变是远远不够的，它更加需要真正站在销售第一线的员工把经营者的理念通过自己的理解传递给消费者。只有自我改变，才能够改变企业，这是柳井正对优衣库员工的基本要求。

从2005年到现在的每一年元旦，柳井正写给优衣库员工的电子邮件中，永远都会提出成长问题，鼓励大家不断自我反省、勇于革新，并让优衣库全体员工认识到满足顾客不同的需求，是员工和企业革新的根本目标，也是促进优衣库能够逐渐成长起来从而和世界知名服装品牌角力的唯一标准。

不论公司还是个人,想要有效地快速实施策略,生存下来并有所成长,就必须经常扪心自问、找寻最适合的答案。

接受并纠正失败

柳井正说,我们每个人在这个世界上都是非常渺小的存在,世界不会因你的意志而转移。你必须遵循社会的必然法则,否则必将招致失败。如果社会大众对你从事的工作本身有需求,你就有机会寻求成功。所以要顺应社会的变化,根本无须如此忧虑。

当你做了以后,发现失败了,那就坦然地承认失败,马上纠正。

优衣库在上市后,首次出现减收减益结算的2002年8月末,羊绒热潮过后,因销售额下降,优衣库管理层开始意志消沉,希望探讨新的事业以扭转时局。

此时,柳井正注意到全世界人都开始关注有机食品。他们更愿意买超市中挂着"这是我亲自种植"牌子的蔬菜和水果,而残留在蔬菜和水果上面的农药也成了大家关注的焦点。时代的潮流开始改变,人们希望能够买到价格适中同时安全可靠的食品。

2002年9月,柳井正成立了FR食品分公司,以销售安全而新鲜的水果和蔬菜为宗旨。永田照喜治先生曾经对柳井正说过一种培训农产品的方法,这种方法不用给农产品浇水施肥,完全是凭借其自身的生命力生长的。

在优衣库的执行董事中有一位的父母有一家水果蔬菜店,他主动向柳井正申请了这一任务,这个人就是柚木先生。以柚木先生为主导,永田照喜治先生作为指导,柳井正成立了"向农业方面进军"的项目组。虽说刚开始的时候并没有把现行蔬菜和水果的流通体制更加合理化这样的伟大目标,但是他们相信通过自己的努力一定会起到一定程度的变革。

在向FR食品方向过渡之前,柳井正曾经拜访了将永田照喜治先生提出的新型农作物种植方法付诸实践的农业家,他想要了解这种新的消费理念是不是和既有的农作物培植方法相适应。后来,在公司内部还曾经举行过产品的试吃会,最后才决定成立食品实业部门。2002年1月,柳井正开始在报纸上宣传自己的最新动向。4月份的时候食品部在网络上通过电子邮件和电子杂志的方式开始宣传自己的种植产品和经营理念。一直到9月份成立FR食品公司,原先的食品部才最终被取代。

最开始,按照这种方法种植出来的农产品只接受网上邮购,通过会员制进行有保障的销售。到了2003年5月,才在松屋银座开了第一家实体店铺。从当年7月到10月三个月间,就连续开了5家新店铺。

事实上,当时大众传媒的评价是呈对立状态,批评的人觉得卖服装的优衣库怎么可以去卖蔬菜和水果呢。而且在优衣库公司内部有很强烈的反对意见,但是在经过激烈的讨论后,柳井正还是决定尝试一下,他希望把优衣库的经营模式成功地挪移到其他行业之中。

但是,等待他们的却是惨烈的失败。如果想要贯彻优衣库的经营模式，那么他们就不能只去进行商品流通线路的改革，还必须进行农业经营。然而，日本的规定太多，完全不可能将农业作为一项事业而且是大事业进行运作。

他们不是生产蔬菜、水果的专家，农作物也不可能像工业制品一样按计划去生产。尽管很多人力物力财力投入其中，但在2004年4月，优衣库不得不全面撤出这一领域，以浪费了二十几亿日元而告终。

柳井正认真反思这个挑战所带来的失败原因，就是他们无法将培养至今的优衣库的经验及人才活用于农业方面，他们的强项在于——自主生产营销纤维制品。在无法施展这一强项的业界，优衣库模式貌似是不适用的。

尽管这个挑战所带来的后果极其严重，但是及时在失败中反思并总结经验，是优衣库在忧患中生存的根本所在。事实上，从上市到现在，柳井正想挑战一件事就从来未曾犹豫不决。在对一个新的项目操作之前，他会充分分析社会形势及行业现状，包括未来趋势及竞争对手情况，所以一旦行动，决不退缩，即使挑战失败，也在所不惜，每一次他都通过不断纠正错误而赢来新的机遇。

柳井正始终强调：企业经营，无论干什么，如果不经过实践的检验，很多事情是不可能知道结果的。如果要等到一切都很完备再去做，那就做不成任何事情。

对待自己的公司也好，业务也好，不要单纯地持有"想做这样子的事情"的思想，而经常要想"应该达成怎么样的状态"，然后果敢决断。

安定是最大的风险

从未经营过公司的人，会误以为正常运作的公司自然而然会保持合理有序的成长。而柳井正则认为，公司这个组织形式如果平时不做努力，不未雨绸缪对应市场，没有危机感，放任自流的话，必定很快就会倒闭。他认为优衣库之所以保持持续发展，正是因为他们每天抱有危机感，将如履薄冰般地进行公司管理视作一种常态。他清楚地知道，任何时候都抱有存在危机的思想，是一个企业持续生存的根本保证。

在金融危机席卷全球的浪潮中，全球富豪数量大规模减少，而柳井正的财富实现了逆势增长，这绝不是偶然的。柳井正说："优衣库在平时都是以最坏环境下的工作状态来要求自己，因此整个经济危机过程中，优衣库几乎没有受到影响。"

截至2010年2月，迅销公司主品牌优衣库在全球的总店铺已达918家，其中日本国内为793家。但优衣库实际开过的店铺数目远高于此。

在优衣库的计划中，开店数目和关店数目经常同时公布。"今年开多少分店，另关闭多少家；明年再推出多少家，关闭多少家。"类似的计划会事先公布，目的之一就是为了让各店长们时刻保持忧患意识——你这家分店如果长期处于"不进取"状态，离关门就不远了。

为了敦促店长们随时保持忧患意识，柳井正首创了"开店关店结合"这种经营模式。在扩张的同时，关闭店面也在进行，开、关结合，计划事先公布。凡是亏损的就关闭，通过业绩来检验成功，通过淘汰来维护成功。

这是他们首创的经营模式。在快捷零售"什么事也不用干，等于进了保险箱"这类观念绝不允许存在。用柳井正的话来说，我们所从事的生意需要非常实在的努力，是一笔一笔做出来的。必须在时时刻刻想着如何让顾客感到满意的同时，日积月累地通过日常的每一个细节的努力，成就我们的生意。所以，我们无暇去感受不安。

这不仅是对店铺一线工作人员的要求，后台支持员工亦是如此。在迅销公司山口县总部的客服中心，办公室的墙上悬挂着十多块牌子，分别是从20世纪90年代开始到2010年期间每年的公司目标。其中有一块牌子，并没有标注年份，其标题是"微软——不会游泳的人，就让他沉下去"。

当然，关于危机和不安，在很多人眼里似乎十分相似，多数人会认为危机与不安是等同关系。事实上，如果持有这样的观点，企业将很难经营下去。对此，柳井正的观点非常清晰，他眼中的"危机"是这样定义的：危机，也就是风险，风险中存在利润，把控好风险，就能从中获利。也就是说，它与利润相互关联。在企业经营中，危机和获利是同义语。

具体来说，如果我们从正面的意思上，正确解读危机的意义——敢于冒100%的风险，优衣库人就会比其他一些人更善于公司的经营，也就可以比一些人获得更大的获利。在激烈的商业竞争中，每个企业会优胜劣汰。所以安心去经营公司的想法是危险的，要在经常自问"我这样做没有错吧"的行进过程中，力争在经营上不输给别人。这就是柳井正对危机的独特看法。

那么不安呢？他用一句话做了概括——一般来说，所谓的"不安"指的是当你看不清前面的道路时产生的一种焦虑情绪。关于这一点，柳井正的体会很深，他曾在一次例行检查的工作中，要求一个店长把其所认为令他产生不安的主要内容列举出来。这个店长列出了令他产生不安的事项有：

没有顾客光临怎么办？

货架上新上市的商品一件也卖不掉，怎么办？

计时工不按照我要求的去做，怎么办？

……

柳井正忽然意识到，这位店长对于产生不安的原因以及建议采取的对策没有任何分析和提示。也就是说，这个店长沉浸于这些不安的因素中，只是焦虑万分，他事实上很清楚这些不安的现象，但是却没能及时反思和找出解决摆脱不安因素的方法和结论。

柳井正对那个店长说：这些都不值一提，没什么大不了的。你真正要做的工作，是必须对自己所处的这个环境，从现场、现物、现实的角度和方法客观地进行冷静并理性地判断分析，然后考虑应该采取什么措施来解决这些问题，并将措施落实执行到位，不要苦恼而应决策并行动，如果施行了不当的措施，那就适时改换一种做法。

优衣库一路走来并非一帆风顺，其之所以可以不断迈向高峰，最重要的就是能够时刻怀抱危机意识。前面我们已经提到，柳井正交棒之后又回任，就是他认为接班总经理只求安稳发展而无积极作为，长此以往大企业病将无可救药。

在危机感中寻找前进的希望，这是柳井正一贯的主张和做法。为了鼓励大家，他曾向员工表示，2005年年初，优衣库成为世界第一的可能性是零，但到今天已上升到3%~5%，虽然我们还很渺小，但已经看到希望之星。只要坚持一步一个脚印向前迈进，公司就会有美好的未来。

哈佛大学教授柯特曾分析企业从初创到发展期的成功转型基本上有几个步骤，包括建立组织的危机意识、成立核心领导团队、提出发展愿景及目标、全员沟通变革愿景、达成目标发展策略、创造成功的近程战果、巩固战果并再接再厉及将变革深植企业文化等。而建立组织的危机意识，很显然要排在首位，这样才能顺延开展其他工作。

俗话说，凡事预则立，不预则废。正是因为柳井正的这种危机意识，才使优衣库在危机真正到来时，不仅没有沉下去，反而傲立潮头。

输赢成败皆由人

在企业追求合理利润中，管理者不应该让利益蒙蔽双眼，不可以完全屈服于"利"，做出为了获取利润而不择手段乃至有损产品品质的事情来；应端正行为，客观分析市场需求，以敏锐的商业嗅觉寻得商机。柳井正做到了这一点，他下放权力的总经理、店长也做到了这一点。

2001年，优衣库进军海外市场的第一步，是在英国伦敦开店，并且接连开了四家店，之后英国国内的店铺增加到21家，并计划三年内转亏为盈，三年内开50家店。但是，所有战略目标未能实现，几乎所有的店都不盈利。2002年，被迫关闭16家店，损失达120亿日元左右。当时，柳井正打算将英国的店铺全部撤除。不过，为了全球化这一目标，还是留下些许分店，而且柳井正觉得假如全部撤除的话，当初进军英国就毫无意义了。

关于其失败的经过及原因，柳井正总结认为，自己所持的"在三年内开50家店铺""在三年内达到盈余状态"等期望太过天真，同时，在当地采用的英国人以上司为首乃至现场的工作人员，均处于"不工作"状态。这些人并未秉承"亲自处理所有工作"这一优衣库的理念与文化，公司组织过于庞大、经费错误使用、毫不听取顾客意见，需求、生产、销售、库存等也完全不均衡。他们缺乏基本的商业意识，对于商业运营还缺乏基本常识。更重要的是，他们主观上的不努力是造成失败的主要原因。

这是柳井正作为海外市场扩张的主要负责人，对扩张失败所做出的客观分析。

2002年9月20日，优衣库启动中国扩展计划。这一天，上海的两家优衣库店铺同时开张。应该说，这次到中国开店，是在吸取伦敦开店失败的教训，以免重蹈覆辙的基础上，才开始的中国拓展战略。然而，起初的一段时间内，进展并不顺利。虽计划在2003年11月之前，由原来的两家店增加到8家店，不过业绩进展并不如预期中理想。

最初在中国开店的计划中的领导人是一位在日本留学的中国人，1994年以优衣库第一个外国人的身份进入公司，半年后，就担任了店长。在从事生产管理工作之后，1999年分别在上海和广州设立了生产管理事务所，其是主要负责人。这个领导人是一个非常努力、想做事、能做事、又能成事的人才。但他性格内向，做事较为个人主义，凡事亲力亲为，很少调动团队力量来开展工作，是即使分配给下属任务，也会不放心、独自苦干的类型。

当时这位中国领导人的观念是，不要在中国推广日本的优衣库，而是创造新的优衣库，理由是——中国的中产阶级所得不如日本，即使略微牺牲质量，也应该调低售价。不过这种方式并未受到中国人的青睐，2005年北京开的两家店，因为一直亏损，一年不到就结束了营业。

关于这个失败的结局，柳井正认为，这个领导人没有发挥出优衣库自身的品牌力量。优衣库是一个在日本受到高度赞誉的品牌，日本优衣库品牌的整个架构、价格包括文化都应该拿到中国去。而这个领导人并没有认识到这一点，所以业绩始终没有突破，到最后连个人也开始意志消沉下去。

后来，2005年12月继任迅销中国总经理的潘宁，用的则是不同的思维方式，并且收效极好。

2005年，当他受到优衣库日本总部委派，接管优衣库中国区业务时，这个品牌在中国市场已经徘徊了3年。如何让优衣库打开中国市场？这是潘宁在刚刚上任时经常思索的问题。2008年五一黄金周期间的一条新闻，让潘宁豁然开朗。"……黄金周出游的人数加起来有1.5亿，这个数字已经超过了日本的全国人口了。"潘宁听到这则消息后，马上意识到——这个群体具备消费实力，他们不就是优衣库在中国内地的目标消费群吗？

潘宁冷静分析优衣库品牌受众在中日两国间的不同因素：在日本，优衣库是大众品牌，或者叫"国民品牌"，超过90%的日本人购买过它。但是，日本和中国市场对"大众品牌"的定义是不同的。日本是全球财富分配最平均的国家之一，民间积累的财富很多，中国却不是。这意味着，在日本90%的消费者有能力购买的产品，在中国却无法达到同样的普及度。另外，中国大众对休闲服饰的认知也没有达到欧美消费者的水准。

因此在中国，如果要达到这么高的普及率，势必要将产品价格下调非常大的幅度，这对优衣库的经营者来说，无法获利。所以，现实情况是，应该暂时放弃将优衣库打造成中国的大众化品牌，而只能先锁定为中国的中产阶级人群。而且这个中产阶级人群，经过实际调研，一般考虑为月薪在5 000元人民币以上的消费者。

同时，潘宁也考虑到价格不能降低的原因是，中国的大环境和日本不同，比如关税和增值税都比较高，租金也非常高昂。在中国，租金要占营业额的20%以上，而在日本一般只占7%左右。

于是，潘宁果断地说服总部，将优衣库在中国内地市场定位为"中产品牌"。与第一个在中国的领导人不同的是，他原版原样照搬日本的商品和标签，而且质量绝不打折。比起在中国的其他同类服装品牌，优衣库的价格并不算低，但由于目标市场定位于对优衣库商品的"良好质量和价格"比较了解的那群人，所以，销售势头非常良好。

2008年3月优衣库卷土重来北京，其中西单等店的获利和营收都有了顺利提升。在不到一年的时间里，优衣库在中国新开了19家大型实体店面，算上网店，优衣库在中国已有33家大型店面。2008年，尽管经济大环境不乐观，但优衣库在中国市场获得了100%的销售增长，同店增长十分强劲。

在中国市场上，具有时尚性的基础休闲服饰开始逐渐占据一席之地，与ZARA、H&M一起，优衣库将在未来的中国市场上发展起来。

对此，柳井正十分满意，对未来也充满期待。通过两个中国领导人在中国开拓优衣库事业的不同策略，柳井正意识到，除基本具备的行业能力之外，一个优秀的店长的条件是——能够得到顾客、上级还有部下的信赖，光做到这些还不够，最好还是一个性格开朗的人，对于那些性格内向的店长而言，必须要改变自己，在考虑问题时，要把顾客和部下的需求摆在自己之前，必须以服务的精神，以顾客满意为标准，能够使部下在一种愉快的气氛中工作。

其实，在零售业相对传统的时代，店长本来就是商人，就是依靠自己的独立判断采取行动的商人。可是随着连锁业的发展，很多企业却要求店长像公司职员一样完全按照本部的指示行动，这不能不说是连锁业管理上值得思考的问题。

在这方面，柳井正在开拓事业的进程中，愈加放权于管理者，让其充分发挥自身优势，可谓勇气可嘉。正所谓，输赢成败皆由人。

否定廉价取胜

2003年,日本电子商务网页的"年度点击率调查"曾冒出一匹"黑马",刚登录的"UNIQLO.COM"紧跟在雅虎、乐天之后,一露面就跃居第三位。这种势头不仅在网络界,甚至整个经济界都为之震惊。他们经销的单一款式、单一价格1 900日元(日本工薪族平均日工资约1.5万日元)的休闲装借虚拟网络经销,竟掀起一股狂潮。这个传播于流通业的热门网页已成了日本的时代宠儿,它的主人就是人称"休闲装大王"的柳井正。

日本是一个看重品牌的国家,可是柳井正只花了3年时间就让国民相信:便宜也有好货。对于这个奇迹,他这样解释:"没钱的人买优衣库,有钱的人也买优衣库。我们提倡百搭,百搭需要品味,品味好的人会买优衣库,品味一般的人也会买优衣库。我们拥有很好的质量,价格又便宜,这是我们在经济危机中能够取胜的关键。"

日本从20世纪90年代初开始进入了长达6年的经济萧条期,当时的日本服装市场充斥着两种极端:要么是非常昂贵的高档服饰,要么是粗制滥造的低端服装,而平价休闲装、低价高质的衣服则成为人们心中所想的消费取向。优衣库日本迅销集团董事长兼CEO柳井正打造的优衣库品牌追求"低价优质",正好顺应这一潮流。

然而，优衣库的美好初衷却遭遇行业人士的质疑："优衣库所说的高质量低价格是不是一个吹嘘的口号？"既然行内人士都存在这样的疑心，更不用说进店购物的普通老百姓了。

当时，世界上一些优秀的零售商早已做到了这一步，但在日本，能做到这样的企业还是凤毛麟角。但是，柳井正想做这个尝试。

1995年10月，优衣库在全国性的报纸以及周刊杂志上刊登了一则广告：以100万日元征集对优衣库的不满。柳井正认为，与其间接地从咨询公司那里获得消费者的反馈和不满，不如直接倾听消费者的声音。结果，征集到的消费者意见竟多达1万条，几乎都是涉及商品质量的。

"一套1 900日元的运动衫，洗了一次就脱线了，洗了两次胳膊下面就开裂了，今后再也不会买你们的商品了""T恤衫只洗了一次，领口就松掉了……"，等等。

客观地讲，在读这些反馈意见的时候，柳井正的心情是有些沮丧的，但是这些意见对了解公司的商品质量是非常有帮助的，所以柳井正觉得优衣库接下来的目标就是要改变人们这种错误的认识，让所有的顾客感受到他们只需以极低的价格就可以买到高质量的衣服。

为了全面提升优衣库的知名度，柳井正要求全体员工从以下三方面着手这项工作：

①顾客自购买商品之日起3个月内，可以享受无条件退换货的优待；

②要防止打广告的商品断码缺货，一旦出现这种情况，营业

员应马上从其他店调集商品或安排替代商品；

③要让顾客在卖场之中随时保持愉快的购物心情，店里要保持清洁、舒适的卖场环境。

优衣库物美价廉的品牌得到了消费者的认可。在1999年8月的决算预期中，优衣库的年度销售额突破了1 000亿日元大关，实现了1 100亿日元的销售业绩，店铺数量上升到了368家。

2004年9月27日，在日本全国性的报纸上，优衣库刊登了一篇文章，宣布："优衣库，终止低价格！"这一消息，如同1995年在全国性的报纸和周刊杂志上刊登广告带来的效果一样，带来极大的震撼，引起强烈关注。文章的内容，简要如下：

优衣库始终不渝地致力于将优质的休闲服装用市场最低的价格提供给我们的消费者。这是我们的基本姿态，今后也不会有任何改变。但是，也许这个低价格的政策，会被一部分顾客误解成"优衣库是卖便宜货的"。

所以，今后，我们将不断努力提高商品的质量，并让每位消费者都能切实感受到每件商品其内在的价值。我们将不再做只以低价为特点的服装。优衣库将在服装的功能上，穿着的舒适性上以及款式上做更进一步的研究，在世界范围内寻找最高级的衣料素材，通过具有高超技术的员工们的双手，做成上品的休闲服装提供给消费者。

用世界上最上等的内蒙古羊毛制成的羊毛衫，用世界上最上等的波兰产羽绒制成的羽绒夹克，用意大利产的美丽诺羊毛和世界总产量中只能提取3%的超长棉制成的T恤，等等，这些都是我们为之自豪的商品。至今为止的优衣库，从商品的开发企划、生产管理、物流配送到店铺销售，所有环节都由我们亲自把关，全权负责，通过整个系统、各个环节的成本控制，把节约下来的成本让消费者得利，这个系统无疑给我们带来宝贵财富。所以，我们今天宣告"终止低价格"，并不是终止我们在降低价格方面的努力。首先，我们会更优先地关注商品的质量，然后才是价格。我们将一如既往地把所有的人都能穿着的优衣库高质量休闲服装，以所有人都能满意地"好"价格，提供给我们的消费者。

事实上，就生产这一个侧面而言，从产品的企划到制作、运输、销售都是在本公司进行，这是以往日本所没有的"加工——零售"经营方式。公司所出售的休闲装都是由设在中国上海和广州的大服装厂加工，这就是他们能够保持低成本的原因，定型的产品在那里以百万件的批量投入生产，以少品种、大批量方式实现"高质量、低价格"这看似矛盾的两个方面。

其实这篇文章在未刊登之前，几乎优衣库的所有职员都是持强烈反对意见的，他们都认为这是要放弃大好前途，让消费者感觉今后的服装不会低价销售，这太过冒险甚至愚蠢。

柳井正认为更多的人没有理解这篇文章所要表达的主旨，他所顾虑的是：如果优衣库仅仅是因为便宜才赢得市场，那未来是不会有发展前途的，而这种思想本身就存在危险，是消极的，应该大胆、真诚地表达出"因为产品真的很棒，所以请大家来购买"这一意思。

最终，因为柳井正的坚持，终于让更多消费者看到、领悟到优衣库"结束低价"的原因所在。

否定依靠廉价取胜——这就是柳井正的真正目的。他早已清醒地意识到,要从物美价廉上升到货真价实这一层次,否则面对全球化的竞争对手,必然引起疯狂的价格战。同时,如果消费者只是认为买了个便宜而沾沾自喜的话,那就是优衣库的失败,要真正让消费者认为物有所值才最重要,这才是真正的经营。

永远比别人快半步

有这样一个笑话:两个人在森林里遇到了一只老虎。

甲赶紧从背后取下一双更轻便的运动鞋换上。

乙急死了,骂道:"你干什么呢?再换鞋也跑不过老虎啊!"

甲说:"我只要跑得比你快就好了。"

这是管理者经常提及的一个笑话,简单但是寓意深刻。

在一次中层干部会上,海尔集团首席执行官张瑞敏,向大家提出这样一个问题:

"石头怎样才能在水上漂起来?"

反馈回来的答案五花八门。

有人说:"把石头掏空。"张先生摇摇头。

有人说:"把它放在木板上。"张瑞敏说,没有木板。

有人说:"石头是假的。"张先生强调石头是真的。

终于,有人站起来回答:"速度!"

此时,张瑞敏脸上露出满意的笑容,并补充道:"正确!《孙子兵法》上说:'激水之疾,至于漂石者,势也'。速度决定了石头能否漂起来。"

商业竞争就是如此，没有对手为你等待，也不会有机会为你停留，只有与时间赛跑，才有可能赢。没有新产品持续投入市场，企业就不会有持续顽强的生命力。永远比别人快半步，就能跑在市场前头。

2004年12月，优衣库在纽约成立了研发中心，希望聘用世界上最优秀的设计师和制版师等专业人才，以实现数量和质量都达到世界最高水平的目标。并且，开发适合店铺的所在地、商场面积、世界各国消费者喜好的优衣库全新商品。

对于作为全球性品牌的优衣库的发展来说，设立这样一个机构非常必要。柳井正以大视觉的战略眼光，不断激发团队去渴求进步。研发中心的设立，和优衣库开始转向开设大型店铺，需要增加更多更具魅力的商品品项这一大方向，也是非常吻合的。

这样，从2005年的秋季开始，以纽约店的研发为中心，优衣库又在东京、巴黎、米兰等地开设了研发中心，正式全面启动了"全球商品开发体制"。研发中心通过国内外店铺、合作单位，包括与流水线生产链条相关的各个组织，收集行业情报、消费者最新消费需求及竞争对手最新商品资讯，然后将情报定期汇总，以此作为客观、全新的市场需求为研发依据，再通过优衣库各个部门之间的会谈，最终决定季度营销创意。之后，各个生产基地按照季度营销创意进行全新商品的设计和规模化生产。

2006年秋，优衣库开始向各店铺投放开发出的系列商品。其中最具代表性的紧身牛仔裤，销量最佳，是最值得自豪的产品研发个案。该产品设计，将女性腿型完美地展露出来。这一创意独一无二，没有任何一家服装公司研发和销售过，因此得到广泛认可。只是因为比对手快了半步，就起到了不同凡响的营销效果。

4年后，2010年秋，优衣库隆重请到国际明星查理兹·塞隆成为其全球广告代言人，以将UNIQLO"MADE FOR ALL造服于人"这一宣言推广到全世界。

广告中，查理兹·塞隆身着优衣库最新的LEGGINGS PANTS全新紧身弹力牛仔裤，将她美丽的长腿曲线展露无疑，恰如其分地表现出优衣库秋冬季第一个推广主题"舒适释放美腿曲线·优衣库LEGGINGS PANTS全新紧身弹力牛仔裤"。该系列牛仔裤的款式设计精于细节，实现的舒适穿着感；在前后侧口袋和纽扣设计等细节上也精挑细酌，具有美腿美臀效果的剪裁与舒适穿着感完美结合，演绎魅力动人腿部曲线的全新概念裤装。美腿效果和舒适性兼备，自信展现修长美丽的腿部曲线。紧身牛仔裤和弹力裤袜的创新结合，令人自由活动无拘束。

为发布这一重大消息，2010年9月1日，位于上海南京西路的优衣库旗舰店进行了此项推广活动。活动现场，邀请到同样拥有一双美腿的中国名模佟晨洁现场畅谈她的穿着感受，并邀请众多模特现场展示，以诠释优衣库全新紧身弹力牛仔裤的舒适与美腿功效。

事实上，产品推出前，优衣库曾就2010年秋冬季女裤向日本100位20～30岁的职业女性作过调查。有78%的女性白领表示会在节假日穿牛仔裤和弹力裤袜；有85%的调查对象表示每周会穿一次以上牛仔裤；有74%的调查者表示每周会穿一次以上弹力裤；有60%以上的调查者表示穿牛仔裤和弹力裤是因为易搭配，穿着简便，适宜在很多场合穿着。"LEGGINGS PANTS 全新紧身弹力牛仔裤"实现了紧身牛仔裤和弹力裤袜的创新结合，因此它具备了裤装必须满足搭配简单和穿着简便两大优点。

推介会上，三名模特以正装和休闲装的不同风格，展示了这款新品可在各种场合显示出的女性美丽身材和干练优雅气质；而劲舞表演与瑜伽功的同台演出，则显示出这款新品的舒适和柔软。

优衣库的社训是"改变服装、改变常识、改变世界"，在其成长史中，成功的秘诀在于一个"变"字。

早年，柳井正认为"优衣库就是日本的国民服"，向市场大量供应缺乏个性的低价商品。这一策略虽然创造过销售奇迹，但随着穿优衣库的人越来越多，"穿优衣库"渐渐成为土气、羞耻的代名词，从而导致销量大减。同时，他也意识到，优衣库要想真正崛起，必须要先于对手不断开发新的产品出来。

这次推介会的成功，加速了优衣库的发展进程，使海外布局拓展更加坚实有力，愈加向更有竞争力的对手逼近。

企业在竞争中成长，是企业经营必须要进行的一场长跑比赛，只要你永远比别人快半步，而且永远不越轨，你就永远不可能落后于别人，即使是半步，你也很可能是领导潮流的那个人。

越主动越成功

2007年,因为出任软银集团独立董事,马云第一次见到了同为董事的柳井正。在此后的每一次董事会议上,柳井正都给马云留下了强烈的印象。做企业的人最佩服的是另一个企业家的精神。马云用"创新""智慧""勇气"三个词来总结他眼中的柳井正,并进一步解释:"一个传统行业要和互联网合作,这是很难想象的事。在传统行业里,每个人都害怕互联网,只有柳井正,敢于打破自己原来的商业模式。他对市场的判断,对客户的理解,对时尚的把握,都让我崇拜。"

马云的赞美之词真诚而准确,对柳井正主动创新,拿出勇气敢于冒险的商业行为视为一种智慧,这是对一个几乎完美的企业家最好的褒奖。

20世纪90年代初,一心扩张的"优衣库"遇到了资金难题。至今,柳井正依然清楚地记得,1984年他在日本广岛开设第一家优衣库店的情形。

在拓展分店时,柳井正碰到了资金筹措的难题。当时,总计高达60%的法人税、事业税、地方税,往往导致企业将年度获利的90%用于缴税,缺少资金无法快速扩张。柳井正没有背景,又缺少抵押品,所以很难从银行得到贷款,只有上市才能取得需要的营运资金。为了达到快速上市的目标,柳井正定下每年新增30

家分店，3年后总店数破百，然后申请上市的激进策略。在短短不到一年的时间，柳井正在日本开了33家优衣库新店。从1991年9月到1994年8月，柳井正将优衣库增至100家。

柳井正已隐约意识到自己可能创造了一个"商业上的奇迹"。短短几年间，无处不在的优衣库在价格昂贵的日本服装市场刮起了一阵旋风，销量持续创下新高，仅1998年一年就卖出200万件摇粒绒外套。统计数字表明，平均每3个日本人就有一件优衣库的摇粒绒外套。这似乎印证了柳井正鼓吹的"优衣库就是日本的国民服"。

当然，迅速扩张的背后是巨大的风险。为上市而急速扩张的冒险行为，连平常与其往来的银行都开始犹豫，拒绝为柳井正贷款，甚至劝他不要再盲目开新店，以稳定的经营方式来管理公司。但柳井正靠着长期经营中形成的信誉度，得到其他企业和银行的支持，迅速调整市场，并获得新的贷款，扭转了被动局面。

柳井正成功的关键在于能提供低价格、高质量的产品，为了达到此目标，他只将设计中心留在日本，生产线则全部移到中国。为了确保质量，柳井正将日本技术导入中国当地工厂，同时为了便于达到统一的标准，他将一度膨胀到140家的代工工厂，缩减到约40家。这套生产与设计中心分离的方式，曾获日本著名趋势大师大前研一的肯定，他还号召日本企业都向柳井正学习。

经商悟商，柳井正并不看重成功的辉煌，他注重的是失败的反思。

"我认为自己是个冒险家，所有的商业行为其实都是冒险，只有承受越大的风险,才有可能获得越多的利益。主动去冒险,越主动越成功。"这是柳井正对自己成功的解读。

也正是凭借这种主动冒险的商业意识,1994年7月,公司如愿在广岛证券交易所上市,5年后再转到东京证券交易所主板。

当柳井正回忆起这些过往的时候,不无感慨地要感谢那些为难自己的银行。"现在看来,这绝对是能够让人得到成长的事情,因为冒险而遭人拒绝,但是最终却因此而重新得到信任。"柳井正如是说。在柳井正心目中,并没有过多的记恨,相反却多了不少的感激和包容。

第 2 章 创业"再启动"——在反省和改进中超越

反思中，寻新路

2005年9月，昔日退居幕后战略指挥的柳井正再次坐上总经理的座位，这让本就成为服装领域黑马的优衣库，再次成为媒体关注的焦点。他们不约而同地向柳井正抛出这样一个问题：出于什么考虑，你回归总经理一职？

柳井正的回答简单却耐人深思：我这次回来，是紧急避难的一项举措。

而这个举措的实施背后，是柳井正在曾经坐过20年总经理座椅中养成的冷静思考的结果使然。这个反思的境界状态，我们不妨阅读著名的《西藏生死书》，其中有一首"人生五章"的诗，可以在一定程度上感悟反思状态中的柳井正，及其内心的那片心灵曙光的照耀。

1. 我走上街,

    人行道上有一个深洞,

    我掉了进去。

    我迷失了……我绝望了。

    这不是我的错,

    我费了好大的劲才爬出来。

2. 我走上同一条街,

    人行道上有一个深洞,

    我假装没看到,

    还是掉了进去。

    我不能相信我居然会掉在同样的地方。

    但这不是我的错。

    我还是花了很长的时间才爬出来。

3. 我走上同一条街,

    人行道上有一个深洞,

    我看到它在那儿,

    但还是掉了进去……

    这是一种习气。

    我的眼睛张开着,

    我知道我在哪儿。

    这是我的错。

    我立刻爬了出来。

4. 我走上同一条街,

    人行道上有一个深洞,

我绕道而过。

5. 我走上另一条街。

是的，这另一条街，就是不断反思后做出的最佳选择。柳井正深知重新面对似曾相识的工作职位的辛苦和艰难，但为了改变停滞状态，必须拓展新路。优衣库的发展从最初的辛苦蹒跚状态开始奔跑到现在，在奔跑中的管理层队伍却呈现出自我满足的安乐状态。好像这个冲刺只是为了成为日本第一而不是全球第一，所以呈现出了满足于现有经营水平的瓶颈状态。

柳井正发自内心感到恐惧，他无法指望这样一个团队能够进军国际市场。彻夜不眠中，他努力寻找改变现状的方法，慢慢意识到经营者和干部自身必须不断地、自觉地进行自我改变，这样才能带领公司变革和发展。

2005年9月，回归总经理职位的柳井正，清空所有过去的老经验，重新学习经营常识，设计全新的经营方案。而在回归前就已经初步拟定的、全新的带有反思意味的布局方案，只是"看上去很美"——柳井正自己坐镇日本本土，堂前在美国，玉冢在欧洲，三位总经理三足鼎立，把优衣库带入全球化企业的轨道。而这一绝对大格局视野的战略部署，却因玉冢的辞职而最终破产。

所谓一波未平，一波又起，各个年轻的高层领导因为种种原因也相继辞职，此时柳井正不禁感叹：从零开始，将年轻人培养成羽翼丰满的雄鹰、真正意义上的经营者，实在不易。

从平凡到优秀不难，从优秀到卓越的确很难逾越。面对风云变化的商业环境，寻找或培养能知道如何把控好自我跑步节奏的经营者很难，因为这样的管理型人才需具有绝对客观理智判断新事物的能力，并且能够对公司未来发展宏图予以描绘、实施。现实的情况往往是，当一个常规的管理者被赋予一定级别的经营、管理实权时，思维会日渐趋于安定，胆怯甚至麻木于创新和反思，进而在原定状态中不断踏步却无法狂奔。

如今，这样的局面摆在面前，柳井正刚刚回归就需要快速进入紧急状态。既然自己无法在短期培养自己期望的卓越经营者或者说没有这个能力培养，那就只能自己挑起这个大梁，带领更多的年轻人一起朝着目标奔跑。

在回归后的两个月，柳井正为进一步强化优衣库业务水准，并在提升基础上扩展新领域业务，大胆将控股公司迅销和业务公司优衣库分开，将优衣库作为迅销旗下的一个专营优衣库业务的子公司，与ONEZONE及COMPTOIR DES COTONNIERS等服装关联事业的子公司并列。

在人事管理制度上，柳井正认为必须根据实际情况灵活调整，不能采用一刀切方式用人。他大胆采用委任型执行董事制度，并逐一任命了迅销的经营者和下面各个业务子公司的经营者。根据情况的不同，有的管理层干部采用内部提拔方式，有的则聘用各个不同领域的佼佼者。

但是，即使这样，不到4年的光景，委任聘用的执行董事也先后离开了，依然无法从根本上解决卓越管理者的断层问题。优衣库的一线员工到中层管理人员一直稳如磐石，发挥着各自的热情，但再上一层的高层管理团队，则始终像流水的兵一样，无法长期稳固，这个问题严重困扰着柳井正。

他再一次开始反思自己的经营问题——是自己的初衷设定错

误吗？最初，为了顺利推进委任型执行董事制度，柳井正和这些执行董事们商量新的经管方式：柳井正并不直接下指令给优衣库的各个门市现场，而是由各自执行董事根据实际情况进行调控。这些董事与柳井正订立年度任务承包责任书，内容包括年度的工作任务、承包的范围和项目、经营的量化指标等。

这样做的目的，是充分发挥执行董事各自的专长，增强他们的责任感和业务处理的效率等。但随着时间的流逝，这些初衷并未奏效，而是走向了相反的方向，各个部门业绩平平，甚至倒退。

怎么办？柳井正决定亲临现场，看看到底经由董事负责这种方式，给下面的部门带来了怎样的化学反应。从生产部门开始，对商品采购、研发、市场营销部门、经营管理部门、营业部门以及各个门市都一一作了考察和确认。

在和现场实际负责人充分交流意见后，柳井正终于找到了问题的病症所在——优衣库规模的扩大，仿佛一只不断疯长的大象，各个大腿已经不能灵活互动，相互配合，完成基本的走路目的。各个部门各自为政，俨然成为一个个独立运作但从不过问其他部门死活的"小公司"。

由此形成的后果就是，部下以向上司汇报工作为核心任务，脱离了根本的生产第一线和销售第一线，也就从根本上脱离了优衣库最应具备的"现场"工作风格。各个部门领导以董事工作作风为"表率"，养尊处优，不从根本上关心前沿阵地的真实情况，工作业绩也就愈发的一落千丈。

反思可以慢慢带给我们智慧，它不是一条直线，而是螺旋上升的过程，从一次次的跌倒中一次次爬起，从失败中吸取教训；每一次冲破旧的思维和行为模式，并非意味着平坦的前途，而是新起点和新挑战。

之后，柳井正提出了著名的"现场—现物—现实"的工作目标和方法，充分调动了优衣库全体员工的工作热情和潜能，跳出了消极落后的思维和行动上的窠臼。

重新激活自我

对现在的企业来说，真正需要的（具有发展潜力的人）是能在新世纪发展中，清楚地知道公司应有的市场定位并能说明其理由，能付诸实际行动的人才。这个需要在当今社会尤为重要。因为，全球老龄化的趋势，使得各国国民精神状态明显低迷。

在这种低迷的发展状态中，加之更多年轻人追求物质化脚步的加快，使得个人魅力的追求步伐大打折扣。那么，那些逐渐成为各企业职员的新一代青年，怀揣物质化最高享受的梦想，必然淡化精神世界的追求，工作也会愈加寻求安逸，缺乏应有的创新精神和旺盛的斗志。

城市化问题的严重，让每个工作日的早晨，上班族大军的每位成员都显得毫无朝气，死气沉沉。各个城市的角落，每天早上，睡眼惺忪的男女随着汹涌的人流在公交、地铁的换车次之间，涌进涌出，即使条件稍好开车上班的人，也会因高峰期的客观存在，巴不得将头枕在方向盘上，再小憩一刻钟。难以想象，在这样的精神状态下，能够高效率地完成工作任务吗？

站在经营公司的立场上来讲，经营者将经营理念及公司未来的蓝图明确告诉全体员工，并以强劲领导力付诸行动，全体员工也一定会以职业道德和敬业精神，与经营者保持一致的努力工作，这和前面讲的重视精神追求是同样的道理。

如果经营者本身也是身处上班大军中的一员，他将如何朝气十足地带领团队前进呢？这些现状，有其产生的必然原因。柳井正已经心知肚明。

"二战"后的日本，在重建经济复兴时期，出现了许多自己做老板的创业者。大企业和中小企业双重结构的局面持续了很长时间。后来，随着上班赚取月薪过生活的人群的扩大，自主经营者明显减少，那些中小型企业的数量也就开始迅速减少。人们逐渐习惯于接受上层领导的命令去工作，每天等待指示，进而不再思考如何生存的问题，认为这是"长治久安"的生活方式。

柳井正的父亲本就是经营者，耳濡目染，加上自己也在经营优衣库，自然能体会这些人的内心感受。但是，他也就此明白了另外一个道理，在商业社会，只等上级指令做事而领取工资的人，一旦公司平台坍塌，势必造成新的恐慌。

当然，谁也不能指望所有的员工全都拥有绝对的与企业共成长的进取心。但很明显的是，这样消极被动工作的人不是在减少，而是越来越呈规模化发展。

柳井正知道这样一个事实：美国的上班族早上和晚上都比较早。基本上都是一到下午5点就回家，和家人共进晚餐，大概10

点就上床就寝。即使需要和朋友约会，也不会很晚才回家。

比如，曼哈顿大中央火车站里有一家很有名的 Oyster Bar 餐厅，餐厅的高峰时间是下午 6 点到 7 点之间，一过 7 点，客人就明显减少，到了 8 点，就门可罗雀了。餐厅的主要顾客是那些家住长岛等纽约郊区的优秀商务人士。Oyster Bar 餐厅是他们和朋友们闲聊的地方，但大多以简易餐为主，晚饭都是回家吃。

也因此，他开始思考如何培育员工从打工者的思维中跳跃出来，充分发挥各自自律、自立的主观能动性，成为真正的生意人，这样公司才可能进一步发展。

英语中有一个词叫"reboot"，这让柳井正很感兴趣。"reboot"，一般是指计算机处于死机状态时，重新启动的过程。其实，它的原意是重新系鞋带儿，也表示牧童为了取出进入鞋底里的小石子或稻草，脱掉长筒皮靴后重新穿上的意思。

在优衣库全新的事业发展中，每天都在迎接新的挑战和风云变幻，以过去无法比拟的速度正在向全世界各个角落进军。为了与时俱进，必须将自动自发型员工的培养任务提到日程上来，同时，员工本身也应该每隔四五年进行一次知识更新，即实现自我提升，"再启动"自己的职业规划。

从"自然人"到"优衣库人"

从普通职员的这种"自然人"过渡到承担起"全员经营"责

任的"优衣库人",这是柳井正最迫切想做的事情。这与柳井正的成长背景有很大关系。

柳井正大学毕业后的几年里,开始盛行对王子、公主般生活的赞美,这个时期正好是许多周刊、月刊杂志开始创办的时期。而对王子、公主们的赞美,也就意味着崇尚衣来伸手、饭来张口的生活享受,厌恶自立奋发的刻苦努力。凡事依赖家长,依赖别人,总以为别人会帮自己。对此,柳井正表示极大的遗憾和隐忧,如今这些人正逐渐成为社会各界的中流砥柱,想来让人失去希望。

所谓的"自然人",也就是"个人",所做所想随心所欲,完全从自己的情绪和本性出发。而柳井正所界定的"优衣库人",也就是"优衣库团队成员",应时时想到自己是集体的一分子,具有集体精神、团队精神,尊重单位的制度与文化。

从"自然人"转化为"单位人"是融入优衣库团队的基本条件。

柳井正并不担心这些人在优衣库的职场起点低,怕的是他们无法顺利过渡到优衣库人的"低境界"。毕竟,一个人越计较自我,在职场中便越没有发展前景;而越会主动付出,越会快速发展。那些计较自我的旧有的公子哥、贵小姐们很难适应这样的艰难过渡,也势必对优衣库的发展形成阻碍。

在职场环境中,经常会看到这样的情形:喜欢做的事情或情绪好的时候,对工作才有热情,能够好好做;而面对不喜欢的事情、不喜欢的人、不符合自己想法的工作,或者情绪不好的时候,对工作就敷衍了事,这其实就是仍处于"自然人"的状态。

据此，柳井正开始寻找能成功过渡的方法。这个时期，他接触到管理先驱德鲁克的经营理念。德鲁克曾经在书中提到："每个知识工作者，都必须把自己当成企业家来行动。在以知识为中心的现代社会，广告经营者是无法获得成功的。"柳井正看到这句话的时候，开始思考如何让优衣库中的知识工作者真正把自己转变成公司的经营者，而不是单纯地作为优衣库雇佣的"奴仆"存在。

对于德鲁克提出的"知识工作者"的概念，柳井正表示深深的认同。他说，如果优衣库的员工一味只知道遵从上级命令，那么优衣库一定会面临着重大的失败。一个成功的现代企业，需要的不仅是社长的高瞻远瞩，更需要每一个员工的独立思考。这样一来，当上层领导在某些问题上犯错的时候，员工就能够及时给予批评和指正。"YES MAN"只会让掌握了技术和知识的员工变成另一个只懂得唯命是从的执行者，却永远变不成一个真正的经营者。

在传统的经营模式和经营理念下，员工们通常会考虑一家企业的福利怎么样，自己在这家企业工作会不会有更为长远的发展。但企业的成长绝对不只是顶端决策层的功劳，许多看不见的付出其实都是企业背后员工们的默默辛劳，如果企业不能够盈利，达不成既定的目标任务，企业就不会有未来，如此一来在该企业工作的任何一个普通员工都会受到影响。

因此，在经济日益全球化的当下，优衣库面临的是来自于全球范围的挑战，当然相应地也充满了机遇。但经济不景气是必须要接受的现状，在如此萎靡的状态中零售业必然是受到打击最大的一个行业。所以，为了优衣库能够持续发展，也为了每一个员工都能够从优衣库的发展中得到切实的利益，柳井正最美好的愿景是每一个优衣库的员工都能够问自己到底为公司做了什么，而不是公司为自己做了什么。

这种从"自然人"到"优衣库人"的过渡，意味着公司里的任何一个员工都要对经营这家公司保持着浓厚的兴趣，每个人都应该在如何把公司做得更好这件事情上相互交流各自的意见。只有集合群众的智慧，才能准确地找到优衣库未来发展的方向。

事实上，如果能将工作中服务的每一个人都当成"顾客"，当成要给予温暖和阳光的人，那么即使最小的事也能做到最好。毫无疑问，这样的人，也是职场中最有发展的人。

有理由相信，在优衣库的全员经营时代，员工和管理者之间将不再是僵硬的命令与听从命令的关系。因为，员工和公司的紧密结合，使得"成长"二字具备了双关的含义。只有这样，才是最完美的企业应该呈现出来的基本态势。

肥胖的大象无法翩翩起舞

2011年3月11日，日本当地时间14时46分，日本东北部海域发生里氏9.0级地震并引发海啸，造成重大人员伤亡和财产损失。

日本埼玉县一座体育馆内，一名理发师举着"免费理发"的牌子，为灾民提供服务。

从理发师举牌子的时间计算，地震、海啸已经过去 12 天，灾难后的一些临时避难所缺乏食品、供热、药品等，完全依赖志愿者提供的服务。人们都在水深火热中期盼政府的援手伸出，但奇怪的是，官方有组织性的救助依然没有出现。

问题出在哪里呢？有社会分析学家指出，正是日本的"官僚政治"传统，"繁文缛节"太多，进而延迟救灾进程。

依照经验，某一国家遭遇严重自然灾害 4 天后，本国和世界各地的救灾物资会陆续抵达。但在以效率著称、基础设施完善的日本，不少震后数小时内捐赠的国际援助物资仍储存在首都东京的仓库中。

政府没能及时应对灾害，救灾效率低，这是事实，民众的抱怨不无道理。

日本著名船运企业 NYK 公司一度提出，派遣船舶帮助运送直升机前往沿海灾区，发放物资。这一提议遭到政府拒绝，原因是这家企业没有从事这类作业的执照，这似乎成了无法让人发笑的玩笑。

更有一些外国医生志愿前往灾区，却因没有日本行医执照，只能在"最小和必要"范围内医治灾民。不少国外捐赠的药品难以发放，原因是这些药品来不及通过日本监管部门认证。

所有事情都需经过政府或相应部门批准，而他们反应迟缓，难以跟上救灾（物资）流动的步伐，这造成了救灾不力现象的存在。

举牌子的理发师叫田中荣之，他反而因为职业的特殊性，无需政府相关部门的批准审核，而在灾后得以顺利地为灾民无偿做些服务。

这个话题似乎与企业经营无关，但在柳井正眼中，政府的官僚制与企业的官僚制，性质相同，都严重制约着一个健康机体的新陈代谢。

柳井正认为，官僚风气在各国普遍存在，似乎在日本吹得更甚，这可能多与已有两千多年历史的天皇制有关。企业经营由小做大，当工作量使得一个人或两个人忙不过来时，就会形成"组织"这种形式。一旦形成"组织"，保留"组织"的法则就会发生作用，谁都希望能够维持这个"组织"。一开始为了保质保量地完成我们所说的工作，建立一个"组织"进行分工合作，到后来，却发现生出许多为了维持这个"组织"而存在的工作。也就是说，工作的手段和工作的目的完全本末倒置了。其最大的危害，就是带来了官僚主义。

不妨看看自己周围的工作环境，每个部门各自形成一座"孤岛"，每座小岛还专门配备管理和监督的科长专用席。

在新型企业，官僚作风的经营者首先要面对的难题就是根本无法领导和管理年轻一代。他们一旦认为你是一个只会拍马屁的老古董，这些新型企业经营环境中的职员们，将不会听从你的指挥，到那时，你也只能卷起铺盖走人了。

组织本来是应该随着环境改变而灵活机动的活性组织，一旦形成官僚主义的组织，改革起来就非常困难。在这样的环境里待久了，习惯发号施令的人，也就是上司和管理人员，就会觉得组织这个存在非常天经地义。所以，他们就成为自己所在组织的忠实捍卫者。

谈及优衣库的组织问题,柳井正认为:对经营者来说,不是先有组织才有工作的,而是因为工作的需要,为了能够更高效、有机、顺利地推进工作才建立组织。所有的工作都为了顾客才存在,对顾客不起作用的工作根本就不该存在。

近年频出的丰田汽车质量门事件,已成公众关注热点。柳井正对此也发表了自己的观点。柳井正认为,丰田事件与其说是质量问题,不如说是其在急速扩张过程中暴露出来的管理问题、官僚制问题的集中体现。

柳井正说:"丰田事件是'危机公关'不到位。企业最高经营者应该第一时间出来应对,强调让消费者安心,这样可能会有较好的结果。但丰田在问题刚刚发生的时候,信息没有及时传导到决策层那里,从而延误了最好的公关时机,直到事情发展到不可收拾的境地,公司最高层才意识到问题,但为时已晚。"

一件衣服和一辆汽车的质量问题当然不可同日而语,但是日本企业在迅速成长的同时,都伴有机构臃肿、官僚气息滋生、管理效率下降等倾向和风险。对此,柳井正的解决之道是——加强人才的培养。

目前,优衣库在全世界已经拥有坚实的品牌粉丝。"对我们来说,人才培养和企业快速成长,是一辆车的两个轮子。如何在高速成长中培养出经营人才,是我们要面对的,特别是在第一线——如每家店铺的店长、总部的每个职员,如何使他们拥有企业经营者的思维来应对日常工作。"柳井正深知,只有每一个优衣库门店的成功才能奠定迅销集团成长的坚实基础。

潘宁就是柳井正一手培养和提拔的非日本本土的优秀人才,因为柳井正对人才的不拘一格,各国人才都能得到平等的发展机会,这也让潘宁很快找到自己发展的空间。如果优衣库存在旧有的官僚制作风,潘宁这样的人才恐怕很难脱颖而出。

很多大型公司,可能只差一步就会形成官僚制管理体制,退化为管理层级繁复,决策速度缓慢的原始"笨大象"级企业。对此,必须时刻保持高度的警觉。

若让一头肥胖的大象翩翩起舞,很难!

告别成功公式

荣格在《人生的各个阶段》中有这样一句话:

"在心理治疗家看来,不能向生活告别的老人,如同不能向生活拥抱的年轻人一样虚弱、病态。"

这句话,恰似柳井正对公司管理层人士的由衷警告。想在管理工作上更上一层楼,必须结合当前实际问题,找到解决方法,一位沉浸于旧有环境中存留的刻板、过时的老经验,只能成为问题的一部分,影响整个项目的良性运行。

优衣库的快速发展,吸引了大批优秀的管理人才,他们纷纷放弃所在公司优越的职位待遇,转而将更大的热情投向这个飞速发展的服装零售企业。这些管理人士因为在所在公司长期从事管理工作,所以他们形成了自身惯有的工作方式及成功理念,他们甚至把这些看作企业成长的成功公式，只要掌握好公式中的关键符号、数据，掌握好计算方法，就会成功。

而这些所谓的成功公式，却是柳井正最担心，也最力主摒弃的错误成功法则。他更主张这些管理人士应有"入乡随俗"，即根据优衣库公司的发展现状，遵循优衣库自身的工作方法，开展工作。

举例来说，优衣库有个从事生产管理方面的负责人，他在原来公司也从事此项工作，可谓是老本行。但是，他理解的生产管理与优衣库的生产管理概念完全不同，如果他不改变原来的管理方法，在优衣库则无法进行这方面的管理工作。

有一段时期，类似这样的人很多，对优衣库的发展形成了阻碍，他们并没有意识到，过去的成功经验对现在新职场的工作，没有太多借鉴意义。优衣库的发展，需要持续不断地向新的事物挑战，所以必须自己思考，自己亲自执行才可能成功。即使能对部下把任务交代得很清楚，但因为新的挑战，部下不可能做到尽善尽美。管理者必须自己贯穿从思考到执行的全部过程，并在具体的事务操作中把握方向，全程负责。

柳井正可以意识到这些问题，但是还是有太多人无法理解到这个层面。通常情况下，只有具有完全不同观点的团队成员相互紧密配合，整个项目才能顺利进行并最终取得成功。也就是说，项目团队要由逻辑型的人和情感型的人、想象力强的人和善于进行数据分析的人等各种类型的人才组成。如果按照该项目负责人旧有的万能成功公式开展项目，那么持有不同观点的成员之间的配合，将不能发挥其自身的积极作用。

那些成功开发出具有划时代意义新产品的团队，都属于这种不同类型人员的有机组合。所谓的项目是企业遇到了无法逾越的实际问题，靠固有的组织形式是根本无法解决而不得已进行的作业。如果不能彻底摒弃固有模式，就不可能找出突破口，所以，在项目团队里采用"物以类聚"的模式是绝对行不通的。

从这个意义上讲，项目团队和管弦乐队非常相似。管弦乐是由不同的乐器组合而成，其中最重要的就是相互间的配合。每一名演奏家看似在听指挥，其实不然。除了弦乐器，其余的乐器不会同时演奏。关键问题是如何使各个乐器按统一节拍共同演奏出令听众感动的美妙音乐。和管弦乐一样，项目团队也必须在每个项目成员充分行使各自职责的同时，实现相互间的默契配合，并为实现目标共同努力。

也正因为如此，优衣库的管理工作并没有现成的模式予以套用，发现问题后，管理者就和工作人员一起在现场找出存在的问题，并最终将问题解决。要取得优异的业绩，管理者绝对不能满足于在公式后面亦步亦趋，不管过去所掌握的那些公式看起来多么合理，多么鼓舞人心。管理者必须独出心裁，制定让自己的公司异于且高于竞争对手的战略决策。当然，与众不同意味着你必须冒险。话说回来，如果有一个成功的公式，并且所有的公司都采用这个公式，也就没有什么优秀或卓越可言了，只是一片平庸而已。

柳井正反复督促那些从外部过来的管理者，要求这些人必须改变他们对成功公式的信仰，调整他们的思维方式，放弃寻找简单化的成功公式，尽力寻找提高成功几率的方法。他对那些专门从事战略研究但从不思考现状，甚至不到现场实际考察问题的人极为头疼，称他们的研究是纸上谈兵，是旁观者。他进一步要求这些人要有大局观念，在做好自己部门工作的同时，也应积极帮助其他部门，进而带动整个优衣库的全面腾飞。

一个公司之所以优秀，是因为整个公司把那些极为平常人的能量，通过公司这一组织形式，通过大家齐心合力的努力，发挥出几倍的能量，最终缔造出新的传奇。

明智的管理者应当看透那些所谓蓝图和公式的本质：往好的方面讲，它们最多不过是在重复一些让人感觉舒服和飘飘然的陈词滥调而已。往坏的方面讲，这些研究结论是相当危险的，因为它们会让管理者的注意力偏离真正的竞争本质。

现场才会有答案

稻盛和夫说："创业以来，我所做的不过就是无时无刻地贯彻和执行这种'现场'的经营哲学和经营管理体系。"这实际上颠覆了美国主流的管理学说。

回归后的柳井正，面对更加复杂的经济环境，逐渐梳理公司管理症结，并快速明晰答案。他对优衣库现存管理隐患看得愈加清楚，因此，对管理层的要求也就愈加明确。

如今，世界经济风云变化、错综复杂却又互相影响，在这样的经济环境中生存，公司的战略、战术必须迅速、大胆，同时不断把控、结合市场现状，以适应不断变化的市场脉搏。意识到这一点和做到这一点，相当不易。经营者不仅要具备长远的战略眼光，又要身体力行，到销售现场去实地调研、分析，在做出工作榜样的同时，明确工作发展目标，预测未来发展趋势。

传统意义上的企业里，往往职位越高的管理者，听下属汇报比例越高，实际上，他们才是真正的经营者，但是这些经营者并没有进行实际意义上的经营。

公司现在出现状况如何处理？一年后、五年后的公司发展态势如何？这些重要问题，涉及优衣库生死存亡，是需要经营者负全部责任而进行的工作。每时每刻，经营者都要对各个方案做出选择，并对这一选择予以实际上的监督、推进，每个经营者所要做的都是这样的实际问题，而不是将所有问题都进行集体讨论，这样，优衣库不会成长，经营者个人也不会成长。在柳井正看来，从来没听说过企业脱离经营者，可以自行成长，也没听说过，飞速发展的企业，经营者除了当好指挥官，从来不做其他事务。

进一步说，在企业发展的过程中，最重要的不是与谁为敌，而是经营者知晓自己的方向是否明确。因此，在2006年，柳井正又提出了"现场—现物—现实"的概念，他希望优衣库的全体员工能够和自己一起重新回到经营的起点，以店铺的服务为最高标准，为优衣库能够在世界的舞台上崭露头角打下坚实的基础。

柳井正本人做出表率，经常"微服私访"，到各个店铺实地视察工作。他认为，这样的好处是，花一些时间去观察其中的某个店铺，你就能知道该店铺的主要顾客群的年龄分布，知道顾客最后是否试穿了衣服、是否实际购买等信息。通过观察现场就可以不断激发你的灵感，比如对 A 店生意兴隆和 B 店生意惨淡的内在原因提出假设并进行分析论证等。这些问题点，是不可能从传统统计数据中发现的。

具体来讲，决定店铺营业额的关键要素有：路过的人走进店里的"进店率"、走近商品陈列架观察商品的"靠近率"、实际接触商品的"接触率"、挑选商品并试穿的"试穿率"（服装以外的商品就没有"试穿率"指标）、实际购买所试穿商品的"购买率"等。在店铺经营分析中，假设路过店铺的人为 100 的话，其中多少人会走进店里，这些人当中又有多少人会走近柜台看商品……如果不知道这些具体数字，即便想提高业绩，也不知如何制定对策并加以改善。如果进店率偏低的话，可能是店铺的知名度低或品牌形象有问题，或许是窗户或橱窗的设计效果不好所致；进店率高但靠近率相对低，可能是商品陈列有问题；靠近率高但接触率低，可能是商品概念设计有问题；接触率高但试穿率低，可能是商品的价格设定有问题等，以此类推。

经营者在用自己的眼睛亲自去观察现场并从中发现问题的过程中，可以不断培养和锻炼现场观察力。对于那些只重视统计资料搞纸上谈兵的企业经营者来说，因为不考虑现场，他们根本不去自我反省，不从自己的角度寻找问题的根源。

对一个企业来说，经营指标确实很重要，但它不应该成为企业的负担。重要的是要亲临现场，在现场和消费者直接接触并从中获取目前消费市场中正发生什么、消费者的消费习惯都有哪些变化等第一线信息，从而得到源源不断的灵感和启发。

如果企业经营者平常多关注终端消费市场的现状或消费者的最新动向，不断提高现场观察力和洞察力的话，那么紧跟潮流的方向，推进优衣库不断前进，就是顺其自然的事情。

柳井正强调，经营者的作用，是判断公司目前应该朝哪个方向走，并身体力行地带领大家朝那个方向奔。优衣库公司的执行董事，应是一个实实在在的经营者，如果只着眼于自己的领域如财务、法律等，而没有一个作为经营者该有的思维，这是错误的。要知道，如果只具备一些常识和教科书上的一些知识来判断，这样的人，至少在优衣库，不可能成为出类拔萃的经营者。

重拾信赖

信赖的基础是了解，想尽一切办法，积极主动地去了解别人，也让别人了解你，因了解而信赖，因信赖而合作，因合作而富有——这是柳井正的人生哲学，也是他的商业哲学。

前面已经提到，柳井正回归总经理一职后，开始计划对各个现场进行巡视，因为优衣库的 SPA 经营模式的特性，他首先选择考察生产部门。未考察之前，柳井正需要思考的问题是，生产部的负责人与工厂本身互不信任，并已经造成合作不畅，那么如何解决这个问题，是真正需要柳井正做的事情。

这里，为了让大家更明白优衣库的 SPA 经营模式的产生背景，及柳井正本人因何看重生产部与工厂方的有效合作，予以简要回顾和说明。

SPA 是 Specialty Re-Taller of Private Label Apparel 的缩写，直译就是"自有品牌服装专业零售商"。SPA 的概念是 1986 年由美国服装巨头 GAP 最先提出的，是一种将商品策划、制造到零售整合起来的垂直整合型销售形式。从 20 世纪 90 年代开始，实力强劲的 SPA 企业相继登场，使其作为服装领域最强的商业模式在世界范围内普及开来。

优衣库向 SPA 经营模式的转变始于 1986 年。这一年，柳井正在香港认识了黎智英——"佐丹奴"的创始人。黎智英正是通过"SPA 模式"白手起家，成功地将"佐丹奴"打入了世界服装市场。看到这一极为成功的经营模式，当时急于寻求突破的柳井正像是找到了救命稻草一般，"SPA 模式"也因此成为优衣库的一剂强心针，从而开创了一个全新的优衣库时代。

不服输的柳井正说："我和黎智英是同年出生，他能够做到的事情，我当然也能够做到。"此后，柳井正开始大张旗鼓地对优衣库的产业链进行"SPA 模式"的改造。在已有模式的基础上，柳井正又加入了一些自己的思想。

柳井正本人也经常提醒管理层，不要忘记优衣库 SPA 的 3 大优势：

1. 可实现商品的低价。

和传统的服装业流通体系不同，"优衣库"不存在中间环节，所以不需要支付中间环节的佣金。另外，委托销售时，纳入进货成本中的返货风险，也因实行买断制度而不复存在，因而能用更低的价格采购商品。

2. 可掌握渠道控制权。

"优衣库"靠控制零售连锁店铺来控制产品品质和交货期，因为"优衣库"直接管理各零售店铺而能产生大量订单，从渠道权力理论上来讲，大量订单会使工厂依存于"优衣库"，或者说"优衣库"可以更好地发挥其渠道权利，使自己控制生产工序变为可能，所以，能使交货期缩短，还能灵活应对追加的订单。

3. 可及时地把控市场需求信息。

因所有零售店铺都由"优衣库"直接参与管理，因此，"优衣库"可以及时获取店铺销售信息，进而调整产品结构及改善服务质量，可及时避免传统方式中委托销售店铺的销售能力低下的问题。

正因如此，柳井正选择在回归后的第一时间巡视生产部。如果SPA不能充分运用，只是挂个名头的话，优衣库将无法活到明天，因为一旦无法控制生产工序，将失去SPA生产的全部意义。

近年来，随着优衣库的不断发展壮大，合作生产厂家的数量也开始随之增加。原本两方的合作应是互为依托，相互影响，但实际考察后，柳井正发现，两者居然毫无关联，似乎成了单纯的采购方和供应方的关系，这大大出乎他的意料。

在和生产部的负责人充分沟通后，柳井正发现，他们对工厂方缺乏信赖，所以干脆让外部人员参与管理，造成本该生产部直接管理的事情，却由他方涉足，这有可能造成他方与工厂方产生过分亲密关系，进而与优衣库的生产部失去合作信赖。信赖本身应该经由实际严谨的合作去证实，如今殊途同归，问题很棘手。

接下来，柳井正找到工厂方的经营者及相关负责人进行详细会谈，并代表优衣库生产部，向他们阐述2~3年的全部生产计划，并希望对方基于未来更好的合作，达成更好的合作意识。

在充分阐述了今后的发展方针后，双方就今后的具体合作体制、方式、交易额度及周期等问题交换意见，并确认对方，尤其是主要工厂方的经营者是否已经得到充分意义上的理解。

话说回来，柳井正在重拾与工厂方的信赖关系这一工作时，也开始反思优衣库生产部存在问题的真正原因。也许优衣库的发展，让工厂方的订单增加，使得生产部日益产生傲慢心态，认为自己是主动方，进而慢慢淡化了早期的合作伙伴关系。

由此，不难想象，生产部动辄让工厂部强迫接受因某件服装款式销售不佳，就下令停止生产，或某些服饰热卖，就要求在原来基础上增大生产数量。工厂部不知道店铺实际销售情况，生产部也意识不到生产量的突增突减或者突然取消等都会影响到工厂的生死存亡。

于是，矛盾关系或者不信任关系就此产生。这样不负责任的做法，令对方失去信赖也是理所当然。

柳井正经过一系列工作：通过对生产部进行改革，找回合作工厂的信赖，认真做好事前计划，并保证双方都已了解该计划，以3年计划内的增产方式为前提，决定应签订的合同等内容，最终让事情恢复到合理的状态。

任何合作都是如此，双方要在平等互利的基础上进行合作，互相信任、诚实相待，才能把各自的发展推向一个崭新的高度。

全球化·集团化

伟大企业必须拥有大境界、大视野、大胸怀、大格局，而以干掉对手为手段的竞争策略，只能影响一时的消费选择，却不能带来消费者的忠诚。

优衣库一路走来，虽然曾经经历了数次失败，但是从未丧失前进的勇气。柳井正一边纠正自己的失败，一边继续谋划着更大的发展雄心。因为经济全球化的趋势越来越明显，日本的企业若是不主动和国际接轨的话，很有可能最终被淘汰出局。当时，日本国内的经济形势并不是太好，银行存款的利息很低，而股票交易市场也长期在"熊市"徘徊，消费者对未来充满了很强烈的不安全感。因此，他们宁愿把钱存起来也不愿意去投资或者消费。很多企业的生产不得不停滞，新设备的投资也宣告破产，想要在商业上取得成功的机会越来越少。

越是在严峻的形势下，企业就越应该寻求突破和变革。只有认真研究新的市场领域，在固有的企业形式中加入新的组织方式，才能让消费者接受。这虽然会冒一定的风险，但同样也可以创造很多的机会。而此时，最首要的目标就是国际化。当日本市场已经无法满足企业生存的最低目标时，全球化便成了优衣库的最佳选择。

柳井正说，所谓的企业全球化，并不单单指该企业的员工们走出国门,到海外去发挥作用,也指国外的人进来,我们可以运用这些海外人士的智慧和才能。

一个普通的日本企业想要在本国能够持续生存下去,就必须学习欧美等先进国家的经营方式;而若要进军国际市场,向英美或者中国发展优衣库的业务,就必须寻求新的突破和发展。怀揣远大梦想的企业,才可以吸引到更多有能力的年轻人。许多有才华的年轻人都在国际起跑线上谋求发展,优衣库完全可以用自己的宏伟目标把他们招至旗下,共谋美好明天。

优衣库开始以大型店铺为主导的时代,也向全世界宣示了其进军国际市场的雄心。优衣库在国际市场上的竞争对手们,每一个都有着深厚的背景,因此,优衣库推出大型店铺的目的很明确——就是在全世界范围内推广优衣库的品牌度。之前,虽然优衣库被日本人誉为国民品牌,但在国际市场上优衣库只能算是一年级新生。真正让世界人民开始认识优衣库则源自2006年纽约旗舰店的设立。

2006年11月10日,优衣库在纽约SOHO区开张了当时在全球范围内规模最大的一家店铺,其卖场面积达到了1 000平方米。在开幕当天,柳井正信心十足地对前来购物的消费者和采访的媒体说:"现在优衣库所能实现最高水平的商品、店内陈设和服务,全部都集结在这家代表优衣库全球化的旗舰店。"这句话表明,柳井正把纽约的这家旗舰店当成了优衣库进军全球市场的一个重要标志。

同时,在面对全球化的竞争时,优衣库永远不放弃的是自己的"日本理念",这也是优衣库能够在日本成功并且陆续在世界各地扎根的根本。在迅销公司的经营理念中,柳井正很鲜明地提到,迅销公司的目标就是要建立起一个跨越休闲服饰框架,从而尽最大的努力和可能性来丰富消费者的日常生活,通过企划和生产真正符合消费者喜好并且质优价廉的服装,通过自身的成长而真正变为消费者心中优秀服装品牌的代表。

优衣库要实现的,不只是员工和经营理念的全球优衣库化,更是对消费者消费需求和消费喜好的优衣库化,同时也是为消费者提供优质消费体验的全球优衣库化。只有保持住优衣库的品牌概念,才能使其成为全球服装业的一朵奇葩。

再有,在全球化战略布局中,单纯依靠优衣库一个核心品牌的成长不能保证全球化的快速发展和成功,集团本身需要通过大胆扩张,才能在世界经济中获得市场。无疑,兼并其他优秀集团是最明智的选择。

在2005年之前,优衣库作为日本的国民品牌,当时的经营业绩只有3~4亿日元,这相当于整个日本市场营业额的3%~4%。面对日本服装市场的这块蛋糕,优衣库之所以没有继续再咬下去,和其自身经营业务的范围有很大关系。优衣库以经营休闲服装为主,为了摆脱因此而造成的停滞不前的困境,柳井正决定横向扩展优衣库的业务范围。

为此,迅销公司成立了以投资为手段而扩大业务范围的子公司,利用并购的方式来扩大优衣库的市场占有率。柳井正定下的并购目标是,迅销公司通过这样的方式能够在欧美市场建立起长久的据点,并且以此来促使优衣库成功入主纽约和巴黎等地,进而跃居世界知名服装品牌。

之后，迅销公司的兼并之路便开始了。最值得一提和振奋人心的当然是第一次并购。

第一次并购行为发生在 2004 年 1 月。当时，迅销公司和日本的 Theory 分公司合力把美国的 Theory 总公司购买了下来。Theory 公司是创建于 1997 年的一家以中年女性为主要客户层的服装品牌，柳井正毫不掩饰自己对 Theory 公司的兴趣。他说，迅销公司能够买下的 Theory 公司，完全可以作为优衣库在纽约发展的据点，如果能够把 Theory 公司并购到迅销公司的体系之中，这对优衣库进军美国市场无疑有着巨大的影响力。

因为 theory 公司早已经具备了一定的知名度，柳井正的如意算盘看起来天衣无缝。并且，当下的 Theory 公司还有了进军欧洲的打算，这就等于是在给优衣库的欧洲计划提前打通了道路。因此，并购 Theory 公司，是迅销公司最成功的并购案例之一。

与当初提出再创业不被员工理解一样，在短时间内员工们还理解不了关于全球化、集团化的这种道理，但是，若员工们不能理解并积极参与其中的话，整个公司是不可能成长的。所以，每时每刻，柳井正都不厌其烦地督促全体员工不断去理解这些道理，并在行动上表现出来。

旁观者清

两人对弈，旁观者清的故事和道理很多人都知道。

有两个正在下棋的人，考虑棋应该怎么走却还没做决定的时候，旁观他们下棋的人先看出了应对的办法。那两个下棋的认为他很厉害，但等到那人应邀对弈时，却远远比不上他们两个厉害。所以说，当局者即使再厉害，也被求胜的心情所蒙蔽；旁观者再笨，却因为心里没有顾虑而能看得准确。因此，凡是考虑事情有利害想法的，会想得越多偏离周全越远。

柳井正喜欢这个故事，更喜欢那个旁观者，他自认为自己始终是那个下棋的人。

截止到2009年7月，迅销集团的4名董事中有3名是公司董事，5名检察官有4名是公司外部检察官。对于上市公司的董事会是否需要公司外部董事的参加事宜，目前产业界、各金融机构等方面均意见不一致。对于涉及自己利益的一方，更多较为赞同取消外部董事参加会议，以便自己更好地发挥监督作用。

柳井正本人十分赞同外部董事参与公司事务。他认为，自己作为经营的主体，直接从事经营，所以，不会在经营过程中客观看待和判断自己的行动，恰是因为存在公司外部董事，这一非经营主体，与公司自身没有利害关系的身份，进而才能提出客观意见，甚至反对意见，最终找到最佳答案。所谓旁观者清，就是这个道理。

事实上，关于外部董事的定义，理论界还没有达成一致，较为常见的定义是：所谓外部董事，就是非本公司职员的董事。与外部董事相对应的是内部董事或执行董事，指那些是本公司职员的董事。

在某种程度上，如果董事会全部由全职的内部董事构成，它可能会是无效的。而有了外部董事，就会发挥如下3方面作用：

1. 促进和完善公司战略决策。

任命外部董事的目的首先是给董事会的战略决策提供更多的知识、体现客观性并起到平衡作用。外部董事一般都具有良好的专业技术水平、经营管理经验和职业道德。外部董事的意见能够弥补内部董事的知识欠缺和思虑不周。在内部董事与公司的利益发生冲突或涉嫌冲突时，外部董事可以从客观的角度帮助公司进行决策。

这一点是柳井正最为看重的，当他的个人意见与公司利益存在冲突时，外部董事就会提出反对及客观意见，起着很好的牵制角色的作用。

2. 控制和监督公司管理层。

外部董事对公司管理层的控制和监督包括对内部董事的控制、监督和对公司首席执行官（CEO）及以下的高层管理人员的控制和监督。外部董事通常享有对关联交易的批准权、召集临时股东大会权、向股东大会和证监会报告权、内部董事和其他管理人员的报酬决定权等。这些权力是外部董事对公司管理层进行有效控制和监督的强力保证。

柳井正评价自己做事容易情绪化，甚至有时较为鲁莽，加上他的特殊管理位置，必然可能因为独揽大权而做出错误判断或指令。如果有了外部董事的牵制，就能对自己进行有效阻止、劝诫和减慢节奏。

3. 改进企业管理，增加股东财富。

董事会中的独立董事往往是其他企业的管理者或决策专家，因此，他们能以其专业知识及独立的判断为公司发展提供有建设性的意见，以其诚实和能力去审视公司的战略、计划和重大的决策，并协助管理层改进经营活动，从而有利于公司提高决策水平，改善公司信誉，提高公司价值。同时，外部董事作为"局外者"，可以公正客观地判断评价经营者经营业绩，避免内部董事"当局者迷"的情况，也可以避免出现内部董事"为自己打分"的现象。

从设立外部董事制度之前，毋庸置疑，柳井正就想到了这些积极作用，最终决定建立外部董事参与董事会议这一管理制度。

在实际董事会议上，正是由于有了外部董事的参与，尽管因为一些提案而争得面红耳赤，最终会逐渐消除主观、鲁莽方案，取得大多数的一致。这样柳井正一方面因为自己的提议最终多数被通过而高兴，说明自己的战略眼光和布局谋篇还是得到更多人的认可；另一方面，他可喜地看到外部董事凭着各自的职业操守，毫不忌讳地向自己提出不同看法，进而更好地为迅销集团整体业务的进展，做出深入探讨，并发挥巨大影响力。

作为经营者，柳井正意识到类似自己这样集企业所有者和经营者于一身的人，容易形成的"一言堂"式管理方式，能够找到办法去做自我监督，实在可贵。这也是优衣库不断反省，在改进中不断超越的重要原因。

正如柳井正所说，在事业飞速发展阶段，经营者往往只顾自己往前冲，很容易迷失自己，看不清自己的真实面目。如果做出的决策对是对的，且采取的行动最适宜，不会造成问题的话还好；关键是如果做出了错误的决策，采取了错误的行动，又有谁来牵制你呢？只有外部独立董事、外部监察人等这样的旁观者，才会毫无顾忌地向你谏言，要求你中止行动或放慢速度等。所以，对于一个渴求不断进取的人、团队来说，他们极为重要，不可或缺。

以全新方式运转

谈及优衣库，很多人以为它是个外资企业，与传统企业相比，这应该是个褒奖。但是这并不能让柳井正满意，就如他多次在公开讲话场合所表示的一样——我们是一家日本新型公司，是正在以一种全新的工作方法运转的公司。

在柳井正眼中，那些所谓的欧美外资企业并不值得炫耀，那些公司的沟通方式是"自上而下"进行的，存在着严重的等级差别。之所以让更多人误解其平等，大概只是初次见面留下比日本人的举止礼仪还要更加友善的缘故。真实的情况是，自上而下的强大的老板职权，让每个下层员工都成为了不折不扣的只会说"Yes，sir！"式的员工。

与日本员工比起来，他们更关注自己的顶头上司在考虑什么，会做出什么决策，但是一般不发表自己的意见，因为一旦犯错，就会有被开除的危险。在这种氛围下面，下面的人唯唯诺诺也就是必然了。

如果优衣库的员工一味只知道遵从自己上司的命令，那么优衣库一定会面临着重大的失败。一个成功的现代企业，需要的不仅是管理者的高瞻远瞩，更需要每一个员工的独立思考。这样一来，当管理层在某些问题上犯错的时候，员工就能够及时给予批评和指正。"Yes, sir！"式员工只会让掌握了技术和知识的员工变成另一个只懂得唯命是从的执行者，却永远都变不成一个真正的经营者。

对于那些从外资跳槽到优衣库的管理者，柳井正很明显能感觉到他们以前属于那种"只管下命令"阶层的人。这样的人，听不得其他部门的意见，即便他们的工作，和其他部门之间需要很多的配合和协调；另一方面，那些在外资系统的日本法人企业工作的人，什么都听外国总部的意见，让他们做这做那，完全按照上司的命令进行工作，而绝不自己根据实际情况作出对应的决策。

尤其要命的是，外资企业里，人与人之间的关系非常糟糕，彼此之间关系冷漠，互相毫不关心。他们自己拿着一份报酬，就正常应对这一份工作，与自己的人生信条、信仰等全然无关。或者说，对所在的企业没有忠诚心，只关注自己职业化的专业领域，频繁地跳槽，以实现与自己薪酬对等的自我价值。

这些是柳井正绝不允许在优衣库出现的情况，他一方面思考传统经营模式和经营理念的利弊，另一方面也分析外资企业经营方面的利弊，并根据德鲁克思维提出了一个全新的概念。

柳井正认为，企业的经营者唯一的目标就是让企业赚到钱，只有企业成长了，才能够分出更多的精力去为自己的员工谋福利。但企业的成长绝对不只是顶端决策层的功劳，许多看不见的付出其实都是企业背后员工们的默默辛劳，如果企业不能够赢利，达不成既定的目标，企业就不会有未来，如此一来在该企业工作的任何一个普通员工都会受到影响。

因此，在经济日益全球化的当下，优衣库面临的是来自于全球范围的挑战，当然相应地也充满了机遇。但经济不景气是必须要接受的现状，在如此萎靡的状态中零售业必然是受到打击最大的一个行业。所以为了优衣库能够持续发展，也为了每一个员工能够从优衣库的发展中得到切实的利益，柳井正最美好的愿景是每一个优衣库的员工都能够问自己到底为公司做了什么，而不是公司为自己做了什么。

柳井正把这一经营概念称之为"全员经营"。他说，"全员经营"意味着公司里面的任何一个员工都要对经营这家公司保持着浓厚的兴趣，每个人都应该在如何把公司做得更好这件事情上相互交流各自的意见，只有集合群众的智慧，才能准确找到优衣库未来发展的方向。换个角度考虑，"全员经营"的概念就是说，每一个员工要改变既往的完全听从于上级主管指令的工作方式，在面对问题的时候，要学会主动去寻求解决问题的方法，靠自己的思考来行动，这才是新型企业应该营造的工作环境和方向。

无论是优衣库的普通员工还是店长级的管理者，全部以全新的经营理念，全身心投入到紧张而充满激情的工作中，并愿意为之而奋斗终生，毫无疑问，这是一个以柳井正为核心的，全新型公司才能做到的事情。

第3章 倒空"成功",创造新高度

发现新大陆

任何一家服装公司，在进行商品开发时，都会考虑消费者的诉求点事宜，比如价格、颜色款式、配饰工艺、衣料质地等。优衣库在众多诉求点中，更为看重衣料质地，从优衣库发展至今，一直长期关注衣料功能方面的研发工作。

一直以来，日本纺织业都密切追踪高新技术纺织品的研发动态。近年来，极具创造力的产业以纺织品行业呈现快速发展的势头，引起了日本业界的广泛关注。从产量来看，全球用纺织品产量从2005年的19 581万吨增长到2010年的23 631万吨。而产品的研发触角也开始伸向多个领域，包括航空学、医用、服装、运动服、农业、交通用具以及土木工程等方面。

所以，对于柳井正来讲，找到一家衣料厂商进行沟通不是难事。在和许多的衣料厂商进行接触洽谈后，最终在2006年6月，公开发表了和东丽公司建立战略合作伙伴关系，共同致力于衣料的共同开发的信息。因为优衣库是日本的一家新型企业，所以柳井正当然想让全世界的人都知道——日本制造技术的先进和精良，日本的衣料非常棒。

事实上，选择东丽公司作为战略合作伙伴，这是柳井正长期考察的一个结果使然。日本东丽公司在20世纪60年代初期还是默默无闻的小公司，惨淡的经营，公司连10多名员工的开支也很吃力。但从20世纪70年代开始，该公司以生产化纤为中心，开展多元化经营后，营业额有如芝麻开花节节高，1986年营业额超万亿日元，登上了世界第一碳纤维厂宝座。

柳井正最初想和东丽公司建立生意上的往来是在1998年，那时，优衣库还只是默默无闻的小字辈企业，而东丽公司早已成为纺织产业界中的王者，两家公司根本不在一个水平线上，想要和有这样背景的公司达成合作关系，当然不太容易。柳井正鼓足勇气去拜访当时的前田胜之助董事长，向他坦诚地提出合作请求，希望共同组建研发团队，开发新衣料。柳井正的热情和优衣库自身的潜力，让前田胜之助最终答应下来，并为优衣库专门单独设置配备了一个研制开发团队。

此后，双方从商品开发的初期阶段开始，再从材料开发到销售建立起一体化的合作关系，以应对欧美著名服装企业的竞争。

根据双方合作协议，优衣库将提供其在全球收集的流行预测信息和销售数据，与东丽集团共同负责服装产品的策划等工作，并确保最高级面料的稳定货源，东丽将通过双方一体化的合作开发，推进新材料的研发，有计划地实施面料生产线等设备投资。

同时东丽还将在全球各地工厂中建设优衣库专用生产线，以帮助优衣库进军海外市场。

1998年秋冬季，新产品双面绒问世。双面绒这种材料本来就有，但没有应用于大众生活中，而只是在登山和滑雪用品店里面才有销售。而且，单买双面绒，一件大概要一万日元以上。在日本，恐怕普通老百姓很难购买。

1998年11月28日，优衣库的原宿店开业，一共三层的商店竟然有整整一层是用来售卖双面绒的。当时还开展了"优衣库的双面绒，1 900日元"的主题宣传活动，目的就是要在顾客的心中留下深刻的印象。而且，在开店前夕，原宿和涩谷地区的车站招贴广告，甚至连地铁吊环上面都有铺天盖地的广告所形成的强大信息攻势，当顾客排起长龙来店内疯狂抢购双面绒的时候，电视和杂志等媒体的记者纷纷前来报到。

事实上，原宿店并不是优衣库首次销售双面绒，优衣库的货架上以前就有双面绒的销售，只是从来没有占用过整整一层。1997年以前，优衣库双面绒的销售额每年以80万点的速度增长，所以，其广阔的发展空间吸引了柳井正的注意。趁着原宿店的开张，柳井正把双面绒放到了主打的位置上，目的就是要借用双面绒来调整优衣库的形象。

回想成功的原因，柳井正将其归结于价格上面。双面绒销售如此火爆，一方面因为价格只有1 900日元，另一方面则是广告的宣传功效，并且幸运的是，原宿店的开张和双面绒大量需求的季节正好相吻合。这三方面的因素加在一起，才会有那么壮观的场面出现。

仅仅在1998年的秋冬季节，双面绒的销量就突破了两百万件，第二年通过电视中滚动广告的播出，双面绒的销量原计划想上升到六百万件，结果实际却卖出了八百五十万件。2000年秋冬季节，优衣库隆重推出了五十一种颜色的双面绒，销售目标定在1 200万件，实际竟然卖出了2 600万件，成为了优衣库的最畅销产品。

"我一直在犯错误，但我坚信，尝试新事物不可能不犯错。错误是为成功准备的教训，错九次，就有九次经验。"柳井正在自传里面写道。

将原本作为登山服专用的衣料做成时尚的休闲装，也许有些哥伦布发现新大陆的味道，但正是具有这种不断开发新产品的探索精神，才有可能发现商品畅销的新大陆。

放下"最好"，赢得更好

人们难以放下的一个主要原因，就是认为自己拥有的就是"最好"的。既然是最好的，当然也就舍不得放下了。但优秀的人，不会停留于手中所谓"最好"的东西，他们知道，一旦认为某件事物"最好"，往往就意味着停止成长，甚至意味着自我灭亡。

关于这一点，柳井正就做到了肯于放下"最好"，从而赢得了"更好"，Heattech的热卖给出了很好的证明。

谈到 Heattech，这一材质最初主要用在制作冬季运动衣上。Heattech 材质的衣服可以吸收人体因为出汗而造成的水蒸气，从而让衣服自我发热，以抵抗冬季的严寒。即便再寒冷的天气，只要穿上一件 Heattech 内衣，外面套一件长袖 T 恤衫就可以轻轻松松地去逛大街了。

但是，这些 Heattech 服装因材质的原因而显得硬邦邦，并且在款式上也缺乏足够的流行元素，谁要在东京的街头穿着这样一件衣服出现，准会被人们嘲笑是最没有穿衣水准的人。

存在缺点就证明存在着进步的空间，柳井正又看到了当年摇粒绒服饰上市之前的先兆。他发动优衣库所有的员工开始对 Heattech 服饰进行企划，目的只有一个——改良旧款的 Heattech 服饰，为其创造新生的机会。

被一般常识束缚的人，会认为这样一种已经有了的商品，一种与运动相关的商品，最多一年在日本全国能卖出五万件到十万件已经是很不得了的事情了。事实上，优衣库也完全可以毫不费力地去做这样的事情，这已经是"最好"不过的事情了。但是，柳井正并不这样想，他所思考的是这种不太被人注意的衣料，如果在工艺上进行改进，将它做得更薄、更轻盈，穿着舒服，并且在颜色上处理得更具时尚感，不仅提高其保温功能，更通过增加保湿功能，让冬季的肌肤滋润不干燥，将会出现什么效果呢？而且，如果用所有消费者都能购买的价格出售，将会是什么情形呢？如果改变一下这个商品原本的用途，再加上各种可能的附加价值，也许可以卖到五百万件或一千万件呢。

思想方法稍作改变，就大大地拓展了商品的可能性。最后得出的结果是,通过"色彩"的概念来重新定义 Heattech 服饰。并且由于对新科技的应用,优衣库研发出来的 Heattech 服饰不仅具有保温的作用,还以其添加的保湿功能来对抗冬天干燥的气候。主管优衣库女性商品部门的白井惠美小姐说:"Heattech 的成功,最为关键的因素在其保湿性,因为冬天不只会冷,空气干燥还会让肌肤发痒,所以,开发不光能保暖还能保湿的衣物,是我们的第一步。"

优衣库仅仅通过色彩的变化和高科技的融入,就使得原先根本不被人们看好的 Heattech 服饰成功引发了众多年轻人的购买欲望。尽管 Heattech 服饰属于内衣系列,但优衣库的 Heattech 一改内衣单调的款式和色彩,远远看去,谁也不会料想到这些色彩缤纷的服饰竟然是穿在外套里的内衣。

借力于 Heattech 服饰的热卖,优衣库 2009 年的营业额比上一年度增长了 32%,并且还一举拿下了自从开创优衣库店铺以来的单月最高营业额的纪录。在世界经济持续低迷的阶段,优衣库的这个彩头像是多米诺骨牌一样起到了一连串的蝴蝶效应。优衣库的股价也因此而水涨船高,甚至飙升到 12 830 日元,这是五年来优衣库股价的最高数字。

仅仅在 2009 年冬季,优衣库就预订下 2 800 万件 Heattech 服装。奇迹再一次出现,在冬天还没有到来的时候,部分款式的 Heattech 服装就卖到了断货。如果说 Heattech 服饰是优衣库摇粒绒服饰的翻版,丝毫不为过。

柳井正说:"只是一点点想法的改变,就能让商品的可能性无限扩张。所以,我们更应从头开始,保持着热情去思考和研究,寻找各种商品热卖的可能性,"此话可用发生在 Heattech 服饰上的数字变化来印证。最初的 Heattech 服饰在日本,一年内卖出去不到 10 万件,可是优衣库人却用自己对于服装的热情改变了 Heattech,改变了人们对 Heattech 的消费态度。态度是行动的先决条件,通过优衣库的改变,Heattech 的销量突破千万件,这恐怕是任何一个休闲服装从业者从来都不敢去想象的数字。

谈及此事,柳井正仍津津乐道于那些时尚杂志的总编们对这一材料的大力褒奖,他们均在实际购买试穿后评论其是非常不错的服装,这时柳井正像个孩子受到大人们的夸奖一样,心理上得到无限的满足。

正如英国著名思想家罗素所言:"人生最难得的是,过哪座桥,烧哪座桥。"

要放下过去的经验并不容易,尤其是要告别过去"最好"的东西。但是,一流的团队和人总会把握一点——放下"最好",就会赢得更好!

BRATOP 革命

倒空今天的"很好",才会有明天的"更好",柳井正在不断否定、调整现有商品开发技术、经营理念的过程中,一路跌跌撞撞地实现着对自我的不断超越。BRATOP 革命就是如此。

关注女性服装的人对 BRATOP 自然不陌生,翻译过来,通俗地讲就是指抹胸，也称文胸。2008年春夏时节，优衣库经过无数次改良的BRATOP引发热卖。

事实上，优衣库最早从2004年就开始出售BRATOPA，只是那个时期的产品功能明显指向内用型。一年之后，优衣库开始注意到，很多时尚女性开始尝试将紧身内衣外穿的着装打扮。优衣库的女性商品采购部门的人看到这一流行趋势，决定进行这一类的商品开发，并为此专门成立了研制开发团队。

研发后的BRATOP克服了传统立体罩杯容易变黄的难题之后，使淡浅色的商品开发成为了可能。也就说，将原本只能当内衣的BRATOP变成了外穿的时尚服装。从女性消费者的角度来看，实现了内衣外穿的革命性胜利。到2008年年底，3年间共销售出了680万件。

2010年夏季，再次改良的BRATOPA系列再次引发轰动。经过全新精心剪裁与修身感受的BRATOP系列，融合了时尚风情与实用设计，不断追求高品质、好设计与新技术，特别为女性掀起了全新BRATOP革命。

全新BRATOP系列延续了将内衣与背心、T恤，长衫甚至连衣裙的巧妙结合，轻松一跃取代了传统BRATOP及外衣的双重包裹的特点，并以精心的设计与剪裁，为女性打造出安心舒适的衣物，彻底摆脱文胸的束缚之余，凸显女性独特身段魅力，彰显时尚潮流。

与之前BRATOP系列相比较，2010年全新BRATOP呈现出了3个创新。

创新1：杯罩上部直接连接吊带，从上部拉伸胸部线条，使胸部曲线更优美，更安心。

创新2：杯罩更轻盈、柔软。内部添加吸汗速干功能，适合各种胸型与尺寸。

创新3：杯罩内部为双层结构，剪裁优美的同时，提升了其支撑效果。

新BRATOP系列，其弹性的优质布料令BRATOP系列可从腿部往上穿着，如此方便贴心的设计足以令所有的女性无需再为BRATOP寻找搭配的外衣，也不必再为外衣购买专属的内衣，为消费者提供了更为舒心、便捷的消费感受。

优衣库此次全新的BRATOP系列以海洋、格子、花卉等印花主题，带来共187种颜色与图案设计，更增添了BRA背心式连衣裙及BRA背心式长衫等款式，让消费者不受时间、地域的限制，轻松塑造玲珑曲线，秀出动感炫目的个性时尚造型！

在优衣库宽敞且极富情调的店铺中，消费者不但可以亲身享受其中自助自选式购物乐趣，更能轻松体验如何将简约、高质的衣品融入创意，穿出一种本我的生活态度。

想必这也是柳井正心目中的优衣库理念——一切为了顾客而服务，为顾客提供品质优良的休闲精品服饰。

与世界上技术最先进的东丽公司合作，让优衣库为消费者不断带来新的惊喜并引发全新的穿衣革命，这让柳井正信心十足，那句"让世界上所有人都能买我们做出的高品质衣服"，将不会成为一句口号。

为此，他们还会继续与拥有世界上最先进技术的东丽公司携手，通过技术研发，不断制造出穿着感舒适、款式新颖、适度时尚的高性能、高质量，且价格适中的休闲服装，让世界上所有的人都能买优衣库做出的好衣服，愉悦地穿在身上。

"计划未来，是为了活在未来。如果不拼命努力，不可能一直维持现状就能生存，如果不想未来自己要变成什么样，没有这样的意志，在将来是不可能存活的。"柳井正这样看待着工作与人生。

打破规则

顾客需要什么、何时需要、愿意花费多少钱……对于所有这些假定，各行各业都有着既定的回答，它们被称为所谓的"行业标准"。行业规模越大、时间越久远、越景气，这些游戏规则就越是根深蒂固。

东丽公司与优衣库的合作，无疑对优衣库快速发展起到了不可磨灭的促进作用，两个巨头伙伴开始携手创造未来更美好的宏伟蓝图。如今，业界人看两方合作，似乎顺其自然，似乎所有人都忘记了，当初与东丽公司合作，优衣库所受到的诸多质疑。

柳井正在刚刚开始合作时，就听到很多业界大佬对优衣库与东丽公司合作事宜产生不满，认为优衣库不配也没有实力进行这样的合作，甚至听说一些实力人物更是直接当面发难东丽公司总经理，可见圈内规则之深。

回忆此事，柳井正可以理解业界对优衣库与东丽公司合作事宜的质疑，但是，同样从事服装生意的高层反对优衣库与东丽公司的合作，明显让柳井正嗅到行业竞争的火药味，对方一定把优衣库看成了未来威胁自身生存的潜在对手，而东丽公司恰恰是可以提供高科技竞争的最好平台。

如果说按照业界论资排辈做生意谋合作，是一种人人必须遵守的铁规则的话，柳井正委托中国工厂加工而启动的"匠计划"，则是对行业规则的最大破坏和调整。

因为优衣库发展到比较成熟的阶段之后，需要制作独属于自己品牌的商品，最开始是在中国委托厂家进行生产的。中国是知名的世界工厂，廉价的劳动力成为世界各地知名企业争相攫取的目标。在日本人工的成本很贵，所以，纺织工业这种劳动力密集型的企业已经很难生存下去。再加上中国也是棉纺织业大国，那么在中国生产服装，就可以节省很大一笔成本。

但是，随之而产生的一个问题是不得不派专人经常往返于两国之间，由此造成的管理上的不便非常明显。为了解决这一难题，1999年4月，柳井正在上海设立了生产管理事务所，同年9月也在广州设立了生产管理事务所，以便委托专门管理者长年驻扎在中国内地。

但两国之间的文化差异应该如何解决呢？因为要生产适合日本人穿的衣服，所以就需要按照日本的生产模式去生产。那么，提高中国生产厂家的生产技术水平势在必行。日本也是一个纺织大国，而在那一时期，日本的纺织业已经开始出现衰退迹象，很多年长的技术工人已经没有了用武之地。

柳井正决定把他们招进来派往中国进行技术指导，这样，会聚日本国内拥有30年以上工作经验的成衣技术人才，在迅销公司的组织下被分派到中国内地的生产工厂，让这些老师傅们去指导当地的工人进行纺织、染色、缝制、加工、出货等一系列的作业任务。柳井正将这样的方式称之为"匠计划"。

最开始的时候，组成"匠计划"团队的人员只有13人，后来逐渐扩展到40余人。在这些技术员工的指导下，迅销公司在中国内地设立的工厂员工们的生产技术有了明显长进。

当这一方法得到贯彻实施的时候，再生产出来的产品质量有了很大的提高。当品质提高之后，销量自然而然也随之提升，甚至一些国际企业都开始向优衣库下订单。这一步柳井正觉得自己走得十分明智。

这样，优衣库就可以直接与生产厂家发生关系，而不是按照传统方式通过批发商或商社。此法尽管辛苦倍增，但好处多多。

通过这样的生产方式，可以控制住具有绝对压倒性优势的低成本进行生产，自己设计制定服装规格，下订单，生产管理也由优衣库自己亲自来做；做成的商品通过店面销售卖给顾客，同时将顾客对商品的看法意见直接反馈给工厂；所有的风险都由优衣库承担，但是利润却明显增加，也大大提高了行业竞争实力。

"匠计划"的成效，一是提高了中国内地工人的生产技术，二是最大限度地发挥了日本国内退休技术工人的余热。在"匠计划"完全贯彻实施之后，一些国际大企业也开始向迅销公司的生产厂家下订单了。柳井正打破规则，走出了一条新路子。

直到今天，如果按照服装零售业通常的规矩，在零售业和生产厂商之间，还有诸多公司参与各个生产、流通、销售环节，一起瓜分利润。从这个角度而言，优衣库是完全的另类，不走常规路线。显然，优衣库成了业界公认的竞争敌手，他本人也自然受到诸多质疑。那些"好不了多久，就快完蛋了！"的带有明显诅咒的议论声此起彼伏。

客观地讲，优衣库对日本服装业的冲击是多层面的。首先，该公司制造销售的物美价廉的产品，逼迫对手不得不步其后尘前往中国；其次，消灭了服装流通业的多个环节，迫使许多零售商开始甩开中介，自己从事进口，甚至渗透制造领域等上游业务。柳井正引发了日本流通业界革命，其他同一档次服装的销售者必须降低成本，否则只能坐以待毙。

因此，柳井正说：我和优衣库即使被驱逐在圈子之外，也是理所当然的。但正是怀有这样的自信和紧迫感，优衣库的其他商业也开始步入热销的轨道。销售额也实现了从数百亿日元，上升到一千亿日元，两千亿日元，四千亿日元这样成倍的增长。

对于大多数企业而言，获得竞争优势的关键就源于遵守这些游戏规则的能力。有时候，人们甚至认为这些规则是理所当然，根本不需要下意识地再去多想。然而，当行业开始变得脆弱、市场增长放缓、竞争对手坚不可摧、顾客关心价格甚于关心价值、技术步入稳定期的时候，规则通常会被打破。规则的破坏者就会为顾客带来特别的益处。

打破规则通常始于一个有悖传统的想法。但仅有好想法是不够的，因为仅仅依靠一点区别就反叛是不值的，商业天生保守，只能当可以预知未来时才能够驱动革新。

企业组织效率方面的专家 Robert M. Tomasko 在《北大商业评

论》上谈及《打破规则者》这一话题时，分析都很精彩，我们摘录精彩部分如下：

打破规则需要一些人挑战既定规则，把这些想法变为新的服务或产品。作家及咨询师拉里·米勒区分了两种人——先知和野蛮人。先知者对想法更感兴趣，他们可能很有远见，但没有野蛮人的行动力。而一个好的野蛮人会抓住先知的远见，竭尽全力实现它。雷·克劳克做到了这一点——他把50年代麦当劳兄弟在南加州创立的麦当劳餐厅变成快速、无需下车的餐馆。一代人以后，"野蛮人"史蒂夫·乔布斯和他的"先知"伙伴斯蒂芬·沃兹涅克一起创建了苹果电脑。

打破规则者成长的秘诀是：一方面保持先知和野蛮人的发展方向平衡，另一方面在市场上建立起势能。打破规则需要组织成员认可各个方向都能产生价值的组织，而组织的领导人像政治家一样能够左右各种力量，视当下的需要随机应变。

那么，我们现在来想一个问题：柳井正是属于服装零售业的"先知"还是"野蛮人"呢？

拆除自筑围墙

竖立一根细小的柱子，再拿一条细细的链子，拴住一头千斤重的大象，这不是很荒谬吗？然而，这荒谬的场景在印度和秦国随处可见。

那些驯象人在大象还是小象的时候，就用一条铁链将它绑在水泥柱或钢柱上，无论小象怎么挣扎都无法挣脱。小象渐渐地习惯了不挣扎，直到长成了大象，可以轻而易举地挣脱链子时也不挣扎。

驯虎人本来也像驯象人一样成功，他让小老虎从小吃素，直到小老虎长大。老虎不知肉味，自然不会伤人。然而，驯虎人的致命错误在于他摔了跤之后让老虎舔净了他流在地上的血，老虎一舔后不可收拾，终于将驯虎人吃了。

老虎曾经被习惯绑住，而驯虎人则死于习惯，他已经习惯于他的老虎不吃人。

习惯几乎可以绑住一切，只是不能绑住偶然。比如那只偶然尝了鲜血的老虎。

小象是被链子绑住，而大象则是被习惯绑住。

很明显，习惯束缚了我们。

有些公司的盈利率常常维持在5%，即使经济环境有了很大变化也是一样，这是因为经营者认为5%就是正常的盈利点。所以，在潜意识里，这个数据已经在大脑中根深蒂固了。一旦收益下降，他们便会及时采取行动，以尽快将获利点拉回到原来5%的水平。

当然，障碍也就产生了，利润将很难超越5%这个水平线，因为，自筑在思维上的围墙已经将那个利润点作为常识指标，牢牢圈在围墙里面。于是，之后的所有目标的制定，都会根据这个既定"常识"作为参考标准，只要达标就会思想安定，不知不觉中停止了前进的脚步。

柳井正对这样的自筑围墙思维深恶痛绝。

纺织界的保守思想，对业界的条条框框的要求，都会对产业结构的调整产生阻碍，所有行业竞争靠的并非实力主义，而是论资排辈似的老套业界江湖规则。放眼全球，没有哪个对手会遵循那些老套的规则，大家都靠实力说话，实力主义是自身企业得以翘首业界的最佳保障。

即便退缩到国内，在实际工作中，柳井正也遭遇了"常识"束缚危机。卖家会将优衣库的服装按照原有既定分类予以对比，是实用类还是时尚类，运动类或是其他的什么，一切都像被检疫的生猪肉一样，打上烙印。这对优衣库的休闲路线的设定，百搭风格的确定，明显存在推广、铺货上的不利。

在欧美国家销售 HEATTECH 时，就碰到了这样的情形。当地的店员就会说，这应该是在运动用品商店卖的服装，又没有时尚感，为什么我们要去进货卖它？他们不去理解商品价值的高度，只是重视商品的本质和功能性，这就是惯性思维的人往往会按商品固有的用途划分来进行判断。

后来，优衣库做了大量的工作，通过使用有保暖功能的纤维制成的 tank top、T 恤、高领衫、紧身裤等一点点改变了这个状态。跟大多需要遮盖藏起、不被人知的保暖内衣相比，HEATTECH 更像是用来叠穿的，可露可不露的自由，让人自然而然地少了很多排斥。2007 年日本国内的销售量 2 000 万件，2008 年增长到 2 800 万件，2009 年 HEATTECH 开始在全球发售，上架才一个多月，上海的优衣库店里就已经断号缺色了。

"改变了日本冬天"的 UNIQLO HEATTECH，也在开始改变世界的冬天了。好莱坞影星 Will Smith 就曾在寒冷的电影首映红毯上告诉记者自己看似单薄的衬衫、西装下面穿着上下一套保暖衫裤，所以可以跟粉丝们有更长时间的交流。

有一些已经成为服装业巨头的人还存在顽固的惯性思维，他们会固执地否认混纺材料，单纯追求天然材料的货真价实。事实上，如果他们没有这些"常识"束缚，柳井正相信优衣库与业界的竞争将会更加精彩。但是事与愿违，当优衣库的混纺羊毛衫上市，引起热卖之际，顽固派依然不屑地认为"这样不入流的商品热销，简直没有道理""白给我穿，我都会扔掉"，总之，不会客观看待新事物，首先一棒子将其打死。

尽管日本的工业制造技术高居世界第一位，纺织技术也同样如此，但有太多人士不肯接受新的衣料、新的事物。所以，很难推动多样灵活的商品发展，即使做了一些尝试，也不敢放手一搏大量生产，结果成本就会居高不下，自然存在慢慢淘汰出局的危险。

如果能够拆除自筑的思维上的围墙，那么一个广阔的世界就会在你的脚下展开。柳井正经常这样遗憾地为自己的对手感慨。

稻盛和夫也说过，经营者经营企业千万不可有这种先入为主、画地为牢的固有观念，否则就会失去客观观察市场的明亮眼睛。如果经营者的思想得不到全面的自由，必将失去所有的创造力，也无法缔造破纪录的丰功伟绩。

看来，英雄所见略同。

适宜的附加信息值

超市的某品牌矿泉水为什么可以热卖,甚至热卖的余波可以扩延到全世界的超市?这是柳井正一直思考的一个问题。

如果单纯是因为商品的质量好,显然不会成为热卖的主要原因。商品本身的高品质是基础,让消费者在高品质的基础上,能够对其趋之若鹜,一定还需要其他更多附加信息的介入。

饭店里同样工艺的两道菜,一盘没有任何装饰和说明性文字就端上餐桌,与另一盘贴有几号厨师制作并且盘子下附有该菜的原料食材、健体功能等附加信息,即使在价格相同的情况下,也一定会是后者比较热销。原因就是,任何一件有着附加信息值的商品会更加畅销。

优衣库不只是出售商品,同时也出售温馨的感觉、愉快的体验、心满意足的享受。这是柳井正面对很多媒体常说的一句话,也是对那个矿泉水热卖原因的作答。

在分析优衣库与服装行业的竞争对手存在的商品热销不同原因时,柳井正的见解也着实让人钦佩。

他认为,H&M、ZARA等品牌,属于传统时尚公司,它们只是将现在市面上流行的新时尚,以最快的速度、便宜的价格提供给消费者,这是他们的使命。这对喜欢时尚的人来说,是非常好的事情。但只是提供流行元素显然是不够的。对于优衣库来说,我们更希望将服装本身的功能性、舒适性、质地、手感等诸多要素传达给消费者。

当然,做到这样,需要优衣库继续做些功课。如果不能将这些附加商品信息值传递给消费者,那消费者对此是没有认知的,也就不会自发地来店里购买适合自己的商品。

商品经济社会,每个商品在上架的同时,就会有另一个商品下架,不计其数的各类商品每时每刻摆在消费者面前,等待消费者掏钱消费。服装与任何一个商品一样,也不能指望每一件商品在上架的同时就有消费者排队等候消费。如此残酷的市场竞争状况,要求优衣库不断向消费者传递"商品非常棒"的讯息,并且让这些附加信息在最短时间内,在消费者心中发生影响,产生购买动机。

而能够及时有效地传递到这一点的,似乎只有SPA生产经营模式。至少,柳井正是这样认为的。他自认为优衣库发展至今,所发展改良的已经是第三代SPA生产方式了。它能够准确地捕捉到顾客的需求,自己进行企划、研制、商品开发,在实时推进市场销售的同时,告知顾客这类商品的优点和相关信息,并且用自己的双手亲自把商品卖出去,可以将这个商品的背景全方位、立体式地告诉消费者。

而不采用SPA方式的,对商品如何宣传、在哪些商场销售、销售情况调控如何等情况则一概无法控制。优衣库则信心满满地面对消费者,及时掌握消费者对每一件商品的客观评价,然后将这些信息作为情报汇总到总部相关部门,使其再次应用于新的商品研发。这样一个过程,就使得商品的功能、特征、质地等因素不断变化；反之，其他商品则会将这些附加元素固定为一种常态，难以改变，自然就难以持久地吸引顾客了。

只有西装因为本身一直传达"最新流行"这一主要元素，所以情况还好。

按道理，这是不应该进行的商品销售，柳井正不认为这些都是商品流通的常态，常态应该是与一个经营者的经营思维密切相关的。

所以，优衣库在单件西装研发上，也考虑在流行元素的基础上，附加功能、质量等诸多适宜的附加值，之后以最低价格出售，以此满足顾客的需求。

关于适宜的附加信息值，2007年秋冬季节，优衣库的有关HEATTECH的一则电视广告就很好地说明了这一点。

广告的题目叫《HEATTECH内衣——下雪的车站篇》。

演员松田龙平扮演的站长，刚想出门去上班，此时太太对他说："今天很冷，穿上这个吧！"随后便拿出了HEATTECH的紧身内衣，要求他穿上。

一开始，车站长拒绝说："没用，还是不穿了吧。"妻子勉强帮他穿上，就上班去了。

站在车站的站台上，松田龙平一边用手搓着裤子的臀部，一边点头自言自语道："还好有穿上啊，还真有用啊！"

这个电视短片通过英俊演员的表演，传达了"穿上不怕冷，且非常舒适"的实际着装感受，让更多的人了解了这个商品的优点。

而在顾客购买后，也发现在寒冷冬天，穿上HEATTECH，只要外面再穿一件羽绒衣就可御寒,这也说明商品本身的高品质。

结果,到2007年的11月中旬,商品就销售断货,12月上旬就把当年的计划数量销售一空。可见,适宜的附加信息值,对商品销售的重要性。

海尔集团CEO张瑞敏认为:"一个企业能够提供给用户其他企业提供不了的产品附加值,所以用户才愿意多花钱买这个不同的产品,这是企业在做大规模同时的盈利途径。"

适宜附加信息值的传递,不仅决定了优衣库产品的热销,还令优衣库品牌更大更强,令迅销集团的发展也更加猛健。

缔造时尚图腾

相比H&M和ZARA紧跟国际T台的作风,优衣库决定潜移默化地"潮起来"。为了"潮",他们自然不会放过任何一个正在流行的元素,比如当下的leggings(打底裤)、条纹海洋风和细碎印花。但优衣库有更独特的招数——专业T恤品牌UT。

UT,即UNIQLO T-SHIRT,"优衣库印花T恤"的简称,一个优衣库品牌中的全新独立形象,它是以印花T恤为平台,广泛寻求世界各地不同文化的合作,从而创作出来的。UT博物馆,即集中展示UNIQLO印花T恤的场所。

为此,佐藤提出要让优衣库拓展出一种全新的商业系统。比起产品制作,系统研发更重要。"正如Google和YouTube,优衣库必须是提供划时代系统的品牌。一旦完成基础架构,接着只要添加内容,就能成为世界性的商业品牌,亦能积极推动各种合作计划。"这是佐藤设计之初与柳井正的沟通理念。

柳井正自然知道,T恤是所有衣服里最简单的产品,很有潜力成为理想的商业模式。优衣库每季推出的T恤产品有五百种,但这也可能成为劣势,就是顾客随时随地都能放心地购买,也等于欠缺了时尚、个性这两个重要标签。另外,一旦T恤种类款式增加,顾客摊开T恤确认图案之后,卖场就会变得凌乱。

能否解决这一问题,成了这套全新的商业系统是否能正常发挥作用的关键。

"陈列方式也要改变,单纯的并排方式没有震撼力,店铺陈列都应纳入设计概念,以传达更强烈的信息。"这是佐藤的进一步构想。

在新旗舰店,同一色系的POLO衫组合成一面彩色墙,气势压人。而在日本,佐藤把每件T恤装在一个圆筒形红盖塑料罐里,排满整墙出售。桶装T恤便于排列摆放、节省店面空间,而且还有一点——圆筒封装可以阻止顾客拆散衣物,店员不必跟在后面随时整理店铺。店内展示架有样品展示,顾客只需挑中码号试衣时,在满墙罐头中找到心仪的一罐,只要拧开瓶盖即可。

2007年4月,完全体现这种设计理念的日本UT旗舰店在潮流重地原宿开张。500种T恤整墙陈列,每层楼均设置了"UT搜寻"的检索机台。这个特地为UT开发的系统,让顾客能从色彩、图形、主题、关键词等各个角度搜寻自己喜爱的T恤,也能搜寻出该商品的陈列地点。全新的T恤选购法让UT一推出就在日本成为热销产品，甚至出现了销售一空的现象，店内连续数天都挤满大量顾客。

所有的 UT 系列产品都有两块标签牌，除了优衣库其他产品通常有的成分和条形码牌之外，还有一块介绍这款产品设计师背景的标牌。设计师的来路五花八门：可能是伦敦涂鸦艺术家，也可能是英国超模 Agyness Deyn，等等。迪士尼的新电影《爱丽丝漫游仙境》刚刚全球同步上映，UT 马上挂出了爱丽丝限量系列。

随着优衣库 2007 年夏季 UT 形象的推出，UT 博物馆也在优衣库各大专卖店正式登场了。在这个巨大的博物馆里，你将看到一件又一件各具特色又极富艺术性的 UT——有与世界著名设计师、插画师合作的"艺术家"系列；有以被称为"漫画之神"的漫画家手塚治虫的作品为创意的"漫画"系列，如《铁臂阿童木》《怪医秦博士》《多罗罗》《森林大帝》等，被日本与英国的设计师们挑战再创作，从而在 T 恤这个平台上展现出全新魅力；有以"冲浪"为主题的系列，通过来自六七十年代冲浪文化的灵感，以摄影家兼电影导演 Nigel Scott 拍摄的冲浪题材影片《The wave is forever》作为主线概念设计而出；有以世界伟人为主题的"伟人"系列，该系列产品上都印有伟人的可爱漫画头像，如莱特兄弟、伽利略、哥伦布等，熟悉的名字，有趣的全新形象，成为儿童的最爱；另外，还有"T26""孩童物语""甜点""Los Logos"等，总共多达 15 个系列，500 多款样式。所有这一切都借"博物馆"的独特形式，在优衣库各大专卖店里一一展现在你眼前。置身其中，时尚潮流、多元文化与你亲密接触，可谓琳琅满目但又不失水准的一道视觉大餐。

UT 及 UT 博物馆的正式登场表达出 UNIQLO 对全球时尚文化的理解，也代表着 UNIQLO 将为消费者带来越来越多的精彩 T 恤。

而 UT，通过优衣库的全新演绎，已经不仅仅是一件普通意义上的 T 恤。它缔造出了一种时尚图腾，将艺术与时尚或者普通人的回忆与童心、幻想与激扬甚至顽皮，逐一展现。真正做到艺术因你——消费者，穿或看那件衣服的人而存在。

适时战略转换

业内普遍流传这样一个说法：零售业的成功与否取决于商铺的地段。但是，好的地段租金就贵，这个无可改变。不管是卖鞋子，还是搞服装，好的地段条件要素是相同的。

谁都认为路边商铺地段最好，因为在路边，自然门前就有川流不息的人流和车流，人们可以从很远的地方就能看到店铺的所在，认知度相对比较高。但是这样的地块租金很高，对初创的企业来说，很难承受，这在处于 1993 年还未上市的优衣库来说，想要直接选择最佳地段，的确不太现实，更何况当时整个零售业都处于在路边开店的热潮中。

因此，在那个阶段，柳井正在店铺的布局上选择了一些并不太繁华的街道，但是这些街道可以从市中心直接穿行过去，并且这一块地区的租金比较低。可以说，柳井正是钻了店铺租售价格上的空子。在静冈市开的第一家店,虽然不在主干道上,但是一条人行道就可以把两条不同的街道联系起来。在临开张之前,还有人质疑这样做的可能性,但后来这家店铺竟然成了很有销售量的一家。

在繁华地段开店,为了支付高昂的租金就需要保证极高的商品销售量。而一旦销售额有所下滑,就只能关闭该店铺了。所以,只有和自身经济实力相符的店铺,才是最好的选择。这也成为了日后柳井正选择其他店铺位置时的标准。

随着公司的日渐发展,新店铺的标准也日渐扩大。店铺面积从最初的两三百平方米扩大到四百平方米左右,后来又扩展到五百至六百平方米,而现在已经达到了将近一千平方米左右的规模了。

店铺知名度增加的直接好处是,顾客从此能够更加容易地找到优衣库。

这是柳井正七八年前,结合优衣库实际资金情况,所做的智慧选择。如今,形势有了变化,再去东京市中心寻找开店地区时,就会发现,优衣库面对的竞争对手都是外资企业,H&M、ZARA、GAP、NIKE、adidas等店铺一家挨着一家,竞争极其激烈。

柳井正已经感觉到,在欧美市场上,H&M、ZARA等的品牌之所以能够快速得以发展,是因为这些品牌,尤其在欧洲一些大城市,把当地的百货公司、量贩店以及大型超市的服装销售需求连根拔掉,自己通吃。H&M和ZARA等店铺大都是3 000平方米左右的大型店铺。优衣库也应该参照它们,再不开始大型店铺运作,将不能赢得这场竞争的胜利。

如果优衣库以原来的郊外路旁店为中心展开经营战略，事业也将走到了尽头，不可能进一步帮助品牌的成长。所以，将发展战略向大型店转移是一个必然的选择和顺应潮流的发展趋势。

20世纪90年代后期的一个8月上旬，柳井正去西班牙巴塞罗那旅游。巴塞罗那的阳光似乎比日本更加强烈，行走在大街上，柳井正无意中发现，人们手中拎着的购物袋，几乎很少标有某某百货公司的，而是更多拎着ZARA购物袋。这还不算，当他来到一家ZARA店铺时，发现如此炎热的夏季，ZARA的店铺里挂出的几乎已经全是秋冬季的服装了，这让柳井正大为震惊，他做梦想不到ZARA的换季如此之快。

他后来发现，在巴塞罗那的市中心，集中了很多的ZARA集团的店铺，其数量之多，分布之密集，非一般竞争对手所能比。原来NARA快速成长的理由是这样的，这样柳井正茅塞顿开。

所以，优衣库也要在大城市的中心地段开出大型店铺，开发制作出具有时尚感的商品，在每个季节更换时，尽可能提早地进行季节商品的换季工作。

回到公司总部，柳井正根据优衣库自身实际情况，立刻开始进行开店战略的大转换。他是这样实施战略转化的：

未来的门市拓展，将把开店的重心从原来商场面积在600平方米到800平方米左右的标准店向1 500平方米以上的大型店过渡。原因很简单，随着优衣库事业的发展，原来郊外型的标准店铺，至少在国内已经处于饱和状态，未来在国外的店铺也会考虑到这一点。

另外，在开始大型店的同时，仍然继续进行小型店、专卖店的拓展脚步，防止因为大型店铺的设立，忽略小众群体的消费习惯。优衣库目前的专卖店，如儿童店、女士店、女性内衣店，尽管因为诸多原因，诸如经营不善而相继关闭，但是在未来合适的时机下，一定要将其再度扶持起来。

同时，对于小型店，也要考虑在车站、机场的内外予以设置，尽管可能面积不会达到50平方米，但是因为大量人流的保证，也不应该忽略消费潜力。

尽可能地在未来时间，找到更多人流多、购物便捷的地方开设店铺，不再把面积作为第一标准，更多考虑是否与顾客有更频繁的接触几率，也就是说，便利将是小型店开设的唯一思考标准。

近年来，很多书店都开在了交通枢纽地带，优衣库也应该向这些书店学习，把人潮聚集的任何交通聚集地，作为拓展优衣库的网络点。

优衣库的旗舰店如今已经像迎风飘扬的旗帜一样，插在全球的各个角落，向世界宣告优衣库的存在。海外事业经过多年打拼，已经在收益上逐渐成效，若优衣库不考虑黄金地盘的争夺战，就无法凸显其品牌影响力的锋芒，甚至会影响到本土的生存空间。毕竟，各个竞争对手都将全球作为舞台，好向全世界的消费者提供完美的服务。

没错，企业经营如同撰写人生，在生命的每个转折点，都有机会在等着我们——如果我们努力，就能抓住机会；反之，若心中没有清晰的任务和目标，没有能为了实现这些目标而随时调整战略的能力，那么原本唾手可得的成功，也将成为过眼烟云。

向顾客发出情书

生意是一种持续的信赖积累。事实上，如果能够以一种方式加深顾客对企业的信赖，就能带来更多的商机。

1984年6月2日，星期六。优衣库，一家专门贩卖日常服饰的服装店开张了。

从清晨开始日本广岛市中心的一条街道上，人们在一家商店门前排起了长龙。

排队的人们一方面从电视和广播上看到了优衣库的开张宣传，另一方面，店铺附近的商业街以及学校等人口稠密地区的人们，几乎都看到了铺天盖地的宣传单。这些宣传促销的手段很快就见了成效——优衣库刚刚开张，在门口排着的长队就鱼贯而入。人们像是在自由超市购物一样，面对店铺内各种花色和样式的服装纷纷陷入了前所未有的狂热。

显然，宣传单对优衣库的成长起到了很好的促进作用。从1984年6月在广岛市袋町的优衣库第一家店铺开业起，优衣库的主要促销手段就是散发报纸夹页的广告宣传单。

包括后来的店铺战略转换、着手上市等优衣库的每一步发展，宣传单仍是最重要的促销手段。柳井正本人从24岁就开始制造宣传单了，一做就将近40个年头，可谓是老牌宣传单制作员，他对宣传单这一特有的宣传手段，有着自己独特的认识。

柳井正认为，宣传单就是以销售商品为目的的"号外"，是"向顾客发出的情书"，只有在周末空闲阶段，人们才会有心情根据宣传的内容，接受"约会"。因此，就宣传单本身而言，就像要追求恋人一样，认真了解顾客的立场、心理，否则这份情书就会因毫无热情和诚意，而最终被丢进垃圾桶。

从优衣库第一家店铺通过宣传单而获益开始，柳井正就格外重视宣传单的巨大促销作用。但是，这也并不等于宣传单就无所不能，如果做不好市场调研工作，宣传单所发挥的可能还会是一个反作用。

大阪的一家名为美国村店的店铺，因为地理位置欠佳，商品几乎卖不出去，因此完全套用了传统的宣传模式。在宣传单上，各种折扣商品都被详尽地罗列出来，连在特定日期销售的超低价双面绒也登在了宣传页之上。如此一来，给人的印象就是该店铺完全是其他店铺的复制品，甚至很多人并不明白这样的店铺是经营什么的，他们都以为它只是在出售折扣商品，因此对店里面商品的质量一直保持着怀疑的态度。

美国村店最后失败了，因为商品种类虽然繁多，但是由此而造成的顾客分层也十分严重，无法会聚起更为集中的回头客。同时，美国村店在宣传手段上的失败也是其最后关门的一大原因。

柳井正总结认为，如果是在郊外，就可以快速地计算出周边多少公里有哪些潜在顾客，而这些顾客的消费方式又是如何。只要做一个简单的市场调查，就能够清楚地分析出在这里开店的风险性。然后，根据调查的结果制作宣传页，再派专人散发宣传页就可以起到很好的效果了。但是，市中心和郊区的形势完全不一样,这里的人口流动量远远要大于郊区,甚至在周边根本没有常住人口,因此市场调查就成为最困难的事情。

或者可以说,在市中心没有明显的商圈。这里各种店铺林立,如果经营的商品没有任何特色的话一定不会受到行人的注意。若要做广告,就必须把广告的覆盖范围扩大,只是一味沿袭郊区店铺的经营方式是绝对不行的。

到郊外路旁店里来的客人,大多是在自己家里看了广告传单后,有很强目的性地购物;但到市中心店里来的顾客,有些是无明确购物目的过来逛逛的,有些是到银座随便进来看看的,还有一些是看了电视广告和报纸广告,就带着自己的印象来到店里的,总而言之顾客各种各样。

所以,既要看到宣传单的有利之处,也要看到它与电视、报纸等宣传方式存在的明显差异。

柳井正打趣地认为,宣传单成功的关键点在于,要能抓住顾客的心理,还要能够打动顾客。另外就像追求恋人那样,学会坚持,要不厌其烦地每周都制作一份"情书",每周都要不断发放,长此以往,才有可能俘获对方的心。

恰当的宣传促销,如果是以尊重顾客为前提,以服务客户为目的,那顾客就会无条件地来购买,即使对手提供更令人心动的价格,他们还会为了某个理由——宣传单上你给予的那个。

对于这一点,稻盛和夫与柳井正两位大师的观点是惊人的一致。

正面影响力

一提银座，很多人绝对不会陌生。它是位于东京都中央区的日本一个有代表性的繁华街区，17世纪初在这里开设的，在新桥与京桥两桥间，以高档购物商店闻名，是东京一个代表性地区，同时也是日本最具代表性的规模最大、最繁华的商业街区。

银座是人类经济发展的重要体现，象征日本自然、历史、现代的三大景点（富士山、京都、银座）之一的银座，与巴黎的香榭丽舍大道、纽约的第五大道并列为世界三大繁华中心。

优衣库多年前就一直考虑，要在日本国内开旗舰店，定选银座。资金做了充足准备，前去洽谈时才发现，这个旺地之旺，竟然旺到没有合适的店铺可租，最终只好选择在大阪最大的购物区心斋桥开设店铺。

心斋桥尽管有其独特的优势：集中了许多精品屋和专卖店，从早到晚熙熙攘攘，到处是市民和游客。而且这里大型百货店、百年老铺、面向平民的各种小店铺鳞次栉比。

但和银座比起来，柳井正认为两者还是无法相提并论。

因当时大部分人提起优衣库，还不能将其与银座联系起来。银座是引领日本时尚界的中心商业繁华区，是各类高档商品集聚地的象征。如果能在银座开出优衣库的店铺，对优衣库整体形象的提升，是非常有利的。

但是，将银座作为旗舰店的压力是存在的，而如果不能跻身于银座，就无法借由这块宝地提升自己的身价，参与国际化的竞争。

一个偶然的机会，优衣库与银座的华盛顿鞋店进行交涉，几番请求，最终答应租借。接下来，为了达到优衣库银座店的最佳设计效果，举行了法国三家设计公司和日本三家设计公司的竞标。其结果由KDa公司胜出，KDa公司是在东京享有国际盛名的建筑设计事务所。

2005年10月份，由设计投入正式运营的银座店，一下子吸引了全世界服装消费者的目光。但凡到东京银座旅游购物的消费者，几乎没人会拒绝优衣库银座店的服装销售。

东京银座店的开设，彻底突破了优衣库以郊区店面作为形象工程和以"廉价"为手段的促销方式；并且，因为旗下子品牌的知名度和银座店的店铺位置，优衣库一举跃居成为日本时尚潮流的新指标，消除了人们对优衣库只是简单的"廉价仓库"的固有印象。

当然，和以往一样，优衣库的每次举动，都会惹来业界的非议。有人说银座店"光是具有宣传价值，店铺本身却是赔钱货"。

这就要求银座店必须要具有强大的销售量才能够维持住基本运营。柳井正提出了让银座店以吸引女性消费者为主的新概念，因此，银座店也是为数不多的以女性商品为诉求的优衣库店面之一。但这并不能够代表优衣库中存在性别歧视的现象，毕竟在银座逛商场的人群还是以女性居多。因而，只有改变目标客户群，才能确保银座店的改革取得完全成功。

女性群体中具有的超级购买力,正是银座店改变形象的原因所在,而超级店铺也正是为了满足更多顾客更多需求的购物目标而设置的。但不同的顾客群体有不同的需求,不同地区的消费者消费方式也千差万别,单单想以大型店铺囊括所有人的喜好,显然不是最人性化的考虑。为此,优衣库适时推出了分门别类的小型店,以满足更多人的喜好。

不管怎么说,这一步棋发挥了正面影响力,为优衣库品牌的扩展奠定了进一步的基础。

有人问柳井正,你的每一步举动,都会引来业界的一片质疑,在质疑声中,你会考虑自己成功的几率有多大吗?

柳井正说,在创造的世界里,统计数字不足以代表什么,重要的是热情与原创者的意志力。

真正的成功

柳井正说,一个事业成功的领导者,应该认清自己的优劣势,时时检视自己的思维,实属不易。中国有句古语是:"智者千虑,必有一失。"柳井正借用此语,变为"智者十失,方有一得。"因为"经营之神"是"走过来"的普通人,所以他的成功与失败才更可信。他不畏惧失败,在失败中看到成功的胚芽,这是劝告,也是成功之道。

关于创业的原始积累阶段,柳井正表示,在刚刚创业的阶段，因为必须先赚到钱，所以往往一股脑地疲于奔命。每天都被现实的、事务性的工作包围，基本上没有很多的思索，就这样实际地做过来了。但是事业发展到一定阶段，依然不把追求卓越，突破自我当做经营信条的话，就会让市场的大锤无情打击。他经常拿日本的索尼公司做例子，告诫自己要引以为戒。

日本著名的索尼公司，其业绩一直处在行业前列。可就在 2007 年，索尼的营业净利大幅度萎缩，被同行的三星公司、苹果公司大大赶超！

这个消息让大家吃惊不已，到底是什么原因，使得索尼突然间从高峰跌了下来呢？

其中很重要的一点，在于索尼太习惯成功了，总认为自己的技术是"最"好的。正是这个"最"字，给索尼埋下了隐患。

索尼前任 CEO 出井伸之曾经带领公司凭借一流的技术、出色的管理，在本行业内遥遥领先。此后很多年，"索尼"与"出井伸之"似乎成了"成功""一流""卓越"的代名词。

这样一来，公司的管理者们也觉得自己的公司有"最"好的技术、"最"好的管理、"最"好的经营模式，可以在市场中牢牢站稳脚跟。

这期间发生了这样一件事：一次市场调查结果显示，索尼的一款电视机和松下公司的一款电视机相比，消费者更青睐于后者。

事实上，身为经营者，应该从中发现问题。遗憾的是，这并没有引起索尼领导者的重视，他们仍然认为自己的电视机是"最"好的，是未来市场的引领者。这样的结果使得索尼丢失了很大的市场份额，造成了巨大的损失。

柳井正对索尼公司这一时期的发展变化，深有感慨。他告诫自己和公司管理者们，失败的时候，要思考为什么会失败。成功的时候，要思考什么因素导致成功。只有不断地思考，并与实践有机密切地结合起来，才能够不断地向前推进。反之，只会重蹈覆辙，在同一条阴沟里翻船还不知道原因在哪里。

首先，经营者必须脚踏实地地，在实际工作中一点一点地学习和积累，在实践过程中不断地试行错误。经营者本人能力得到提高的同时，公司也在自我成长。我认为经营者、干部、员工，大家一体同心，步伐一致的公司最好，是最理想的公司。

纵观现在那些年轻的经营者，没有要把公司建设成这样理想公司的雄心壮志。更糟糕的是，完全无视感情，凡事用冰冷的理论来处理判断，或一心只顾赚钱，人格扭曲。甚至还有这样的事例：有人做网络生意，完全无视顾客的利益这一根本原则，结果竟然也做出来了，还上了市。像这样的公司，若上市以后业绩不好，回头去面对股东的盈利要求，将更加难以应对。

切记，经营者不能陶醉在小小的成功里，而不顾顾客的利益。有些经营者，对原本并没什么了不得的成功，产生错觉，觉得自己做了一件相当伟大的事情而沾沾自喜。有些经营者，即便取得了相当的成功，但接下去却不知该做什么，迷失了方向。柳井正认为优衣库很长一段时间，很多经营者都过分沉浸于所谓的短暂成功表象，从而失去了创新精神，与其说是安定所带来的平和心态，倒不如说是对成功产生的错觉。误认为自己成功的人，其所谓的成功完全是一个明显的失败。

有需求，才有营销，他人之所急即他人之所需求。你能够看到，见到他人的需求，就有可能创造一个新的行业，你就有可能站在行业的前头，引领行业向前。作为一个敏锐企业家，就应该有敏锐的洞察别人需求的能力，在历史上也确实如此，没有提前嗅到需求的企业是要吃大亏的。微软看到 PC 机是普通大众的需求，所以才开发出面向大众的操作系统，因此它获得了巨大的成功；他的对手没看到，因此没分到这杯羹。

一个敏锐地洞察到别人需求的人，可以在创业路上出奇招，可以很低的成本，获得创业的成功，因为第一个入业的人，没有竞争对手。一个未开发的领域，在别人看来就是一个不毛之地，因此可以以低成本获得成功。

一个能为客户着想的企业家，产品质量才有保障；一个能为客户着想的企业家，售后服务才有保障；一个能为客户着想的企业家，才能够赢得客户的信任与认同。

世上没有绝对的成功和失败，能从失败中走出来就是成功，一直沉迷在成功中就是失败。

第4章 以世界为舞台：一流公司的长青之道

与强者携手

多年前,已故台湾作家柏杨在《丑陋的中国人》一书中写道:"一个中国人是条龙,三个中国人是条虫。"一位对中、日、韩三国商人有着广泛接触的俄罗斯商人说:"韩国人和日本人喜欢成群结伙地干事,中国人喜欢单干。中国有俗话说,一个和尚挑水吃,两个和尚抬水吃,三个和尚没水吃。而日本人是一人弱,两人强,三人是不可战胜的。"

这些话听起来刺耳,但还是多少暴露出了我们民族的劣根性和部分本质。如今,以世界为目标去战斗的柳井正,想要将战斗的触角伸向韩国,他应该如何去做呢?

由于历史原因,时至今日,韩国依然有明显的反日情结,优衣库想要在这种环境的国家开展商业活动,想必十分困难。柳井正开始尝试是否以有与韩国有实力的资本连手的可能。

经过调研发现,韩国乐天集团是韩国零售业的龙头老大,是当之无愧的业界老大。

韩国乐天集团成立于1948年,在韩国十大企业中排名第五位,年销售额为300亿美元,主要经营食品、饮料、物流、旅游、重工业、建筑业、化工、商贸、通信、金融等。乐天集团也是韩国流通业最大企业,乐天集团的事业已经扩展到全世界包括中国、日本在内的9个国家,拥有三十多个上市和非上市公司。乐天集团现在是韩国食品界最大的企业财团。

如此地位的业界老大,最终于2004年12月,与优衣库共同成立了迅销高丽株式会社,2005年9月,在乐天百货商店、乐天市场同时开设了3家店铺。

2007年12月,它们在韩国的第一家大型店——明洞开张了。明洞店在首都首尔最繁华的商业街,商场面积超过2 000多平方米的这家店是韩国最大面积的店铺。在亚洲地区,与中国上海的正大广场店规模相仿,成为优衣库在亚洲地区最大规模的店铺。

自第一家店开店时起,优衣库在韩国就开始稳步发展起来了,而明洞店的开张,让优衣库在韩国的发展,达到了一个新的高度。之后开始陆续增开店铺30多家,均发展得红红火火。

很多人评论优衣库在韩国的成功,是因为它借助了当地的势力而取得的,而非个人成功。对此,柳井正有自己的经营哲学:

如果凡事根据基本的真理与原则来做决定,就不会出现所谓的瓶颈与困扰,这一真理与原则指的是:秉持以道德伦理为基础的正义标准。倘若你的行事标准是依照这些原则与正义,那无论何时、何地、何种情况，都能被人接受。一个人如果具有正确的判断标准，即使身处陌生的境地，依然不会感到困惑，而就此停止探索的脚步。

有些人之所以能开创新天地，不是由于他们经验丰富或智慧过人，而是因为他们遵循人类真正的精神，并凭借基本的真理与原则作出决定并付诸行动。

借力而为

"好风凭借力，送我上青天"，结交与自己的利益息息相关的人物，借助他们的力量作为支持自己的后盾，必然无往而不胜。

成功学大师卡耐基说过一句千古不易的至理名言："当一个人认识到借助别人的力量比独自劳作更有效益时，标志着他的一次质的飞跃。"

在商业竞争越来越激烈的今天，经商成功与否，商人的智商固然重要，但是仅有智商是远远不够的，还直接受制于他的情商、财商。只有具有过硬的综合能力，才能笑傲商场，立于不败之地。

优衣库在韩国的成功入驻，为柳井正开展优衣库在新加坡的新事业提供了思路——就是继续与当地的资本企业合作，联手开创优衣库事业。之所以有此想法，完全是因为新加坡这个国家的特殊性所决定的。

新加坡是一个非常独特的岛国，其国民的数量有限、领土有限。为了发展经济，新加坡实行了全开放的经济体制，面向广阔的海洋，发展港口贸易。在港口贸易发展的过程中，为了提高自身的竞争力，政府几乎把所有的精力用于调动资源方面，从而形成了类似于军事化的行政管理体制。这种行政管理体制被新加坡的执政党概括为闪电行动，言外之意，就是通过高效率的决策抓住商机。

从表面上来看新加坡是一个国家，但是，新加坡更像是真正的商业公司，它们按照商业公司的决策模式进行资源配置。在新加坡国内不论来自哪个种族，也不论受教育水平如何，都必须接受公司化管理。新加坡政府作为董事会，为每个人分配工作，发放工资，大家为了经济利益而同舟共济。

因此，柳井正希望通过与新加坡当地的强势企业合作，借助强势力量，为自己今后门市的拓展推波助澜。

柳井正说："第一，新加坡是区域枢纽，对东南亚市场有示范作用；第二，新加坡人收入相当高、负担得起休闲品牌，生活素质也高，有能力接受我们的品牌。"

那么，和哪家企业合作，才有可能一起打造优衣库在这个独特国家的发展基础呢？

Wing Tai Retail 公司是香港的一家企业，也是优衣库在牛仔裤方面的主要交易商。新加坡国家成立时，原来的公司老板对其中一位经营者的儿子说"到新加坡去吧"，于是开始了在新加坡的业务。接着，柳井正通过那位在新加坡发展的儿子和在香港发展的兄弟转达："和我们连手，在新加坡共同开展优衣库业务如何?"因为优衣库和香港公司的那位经营者有很长时间的业务往来,相互之间非常信任,见面谈了以后就把此事决定下来。

尽管前后比较曲折,但毕竟就此通过这一特殊缘分关系,开始了新的合作之路。

2008年8月,优衣库与Wing Tai Retail公司合资成立了优衣库新加坡有限公司。2009年4月,新加坡的第一号店淡宾尼店开张。一号店在开张之日起十天内,每天顾客盈门,盛况空前,连续十天不得不采取进店限流的措施。之后的销售情况也非常乐观。

就此,通过借力方式,优衣库在新加坡的发展之路,终于较为顺利地开始了。

在经商的道路上,要善于借力,毕竟一个人的力量是极其有限的,常言道:"一个好汉三个帮""一个巴掌拍不响""众人拾柴火焰高"等,说的都是凡是一个人的成功、一个企业的成功,都要借他人的力量。借力既是一个科学的方法,又是一个成功的法则,更是一种达到奋斗目标的思维。

对经商者而言,借力的作用更是不可小视。从借力的方向而言,要学会借自己的同盟、组织的力量,用他人的力来为自己的力增力度、强势和动力,以达到四两拨千斤之效果。

显然,柳井正是借力高手中的高手。

开创新时代

很多经营者在无法完成经营目标时,总会为自己找出各种理由来掩饰自己的思维与行动上的懒惰,如果经营者总是不停地给自己找借口,或者因为不能突破当前经营瓶颈而就此罢手,就永远不可能开创一个新的经营时代。若要怀着一种"教训中找经验,不成功决不罢休"的欲望,不断拟定新的计划,清楚地意识到为实现目前所要做的工作,就会梦想成真。

2004年11月,在美国设立了以堂前君为董事长的优衣库美国公司的事业公司,第二年的2005年9月到10月,先后开办了3家店。

3家店分别为Menlo Park Mall、Rockaway Townsquare、Freehold Raceway Mall,均位于新泽西州。卖场面积分别约为700平方米、500平方米、735平方米左右。

从来没有耳闻的品牌贸贸然然地就这样闯进美国领土了,这时候的美国消费者对优衣库这一品牌是完全陌生的。果然,开店后,顾客稀少,大量库存开始产生。

因为优衣库在美国完全不为人知,所以前来登门的顾客很少,商品当然也卖不出去。因此,就必须对库存进行处理。

如此巨大的库存需要一个额外的店铺来装载,大家找来找去,在纽约的SOHO区找到了一间240平方米的店面,店面没有任何装修，和当初建筑时一个样子。而就在这样一个从三个店铺滞销到为库存寻找店铺时，柳井正忽然有了一个强烈的意识：能否在人员聚集的地区，特别对西装抱有极高感知度的人群聚集地进行销售活动呢？反正都要进行买卖的，那么找到类似于SOHO这样的地区进行应该比较好。

SOHO是英语单词SOUTHOFHOUSTON的缩写，指的是处于纽约下城HOUSTON街南。纽约市城市规划局规划的59个区中，SOHO并不是一个独立的社区，而和西村、格林威治村以及小意大利合在一起成为曼哈顿岛的第二区，全区人口9.3万余人，占整个纽约人口的1%，有住房5.6万单元，住户5.2万户，一半以上为单身住户，住户中近一半为25～44岁之间的年轻人。该区的白人、亚裔人口数、受教育程度、人均收入均高于纽约整体水平。

SOHO区商业发展源于艺术、受益于艺术，以画廊业为代表的艺术繁荣为这里的商业发展刻上了深深的艺术烙印，也为这里的经济发展打下了深厚的文化基础。在商业化的今天更创造着时尚艺术，使商业与艺术水乳交融。

今天的SOHO是个商业区，有近600家各具特色的百货服装、饰品店。以SOHO中心区的百老汇大道为例，特色店有50余家，经营范围包括珠宝、服饰、化妆品、家居用品、文具及百货等；各式餐馆逾100家，囊括了世界各地的风味美食和高级主题餐厅。世界最知名的品牌如PRADA（普拉达）、CHANEL（香奈儿）、LOUISVETTON（路易威登）早已登陆这块黄金商业区。PRADA甚至请到芬兰著名建筑设计师库哈斯（REMKOOLHAAS，也是中国中央电视台新址的设计师）设计，用2 400万美元在SOHO区的中心位置建筑了具有坐标性意义的旗舰店，以展示自己独特的形象。

正是源于这样的地区背景，柳井正看到了一线商机。结合之前几家店铺失利教训，柳井正决心以最全新、震撼却又简约的方式，为纽约的消费者打开全新的优衣库购物之门。

想要挑战美国的服装市场，就需要让优衣库对流行品味具有高度敏感度。因此，把店铺开在SOHO区，就需要达到设计上的全方位立体式透明效果，兼艺术与商业的双向考虑，才有可能打动消费者的心，这就是柳井正心里一直设想的"超合理主义"。

为了实现这一可能，柳井正请到了日本著名的"快刀手"佐藤可士先生，还请到了片山正通和吉尔斯丁等一流的设计师一同进行工作，他期望让这家店完美地实现自己对国际市场的野心和欲望。在这个团队中，以柳井正为中心，佐藤负责视觉艺术、片山负责室内装潢、吉尔斯丁担任广告营销艺术总监，再加上有世界网络设计第一把交椅称号的中村勇吾，在这些人的集体努力下，SOHO店完完全全具象化了优衣库想要实现的"超合理主义"的概念。

佐藤在柳井正的全力支持下，开始对优衣库的标志进行大刀阔斧的改革。佐藤换掉了优衣库所有的旧LOGO，把底色从暗红色变成了纯红，字体仅仅保留了骨架。尽管有人提出佐藤的做法根本没有考虑到海外的消费者，但柳井正却十分支持佐藤的这一做法，他说："就算外国人看不懂，这个设计也能够显示出优衣库的本质，我相信它一定能够在海外释放出强烈的魄力。"

另外，柳井正希望美国的消费者走进店中时，看到的不是繁杂的装饰，而是真正打动他们内心的商品。因此，在后来的设计中，加重了橱窗和展示柜的比重，甚至还把商品的名称和价目牌也直接放进了展示柜中。

还需要值得一提的是，为了力求做到让消费者在店铺中能够体会到愉悦的购物氛围，他们最后在店铺的入口处设置了发光的展示橱窗，里面有可以旋转的假人模特用来展示优衣库的服装。与众不同的地方在于，这些橱窗的目的不仅仅在于展示模特身上的新款服装，走在大街上的人还可以透过橱窗对优衣库店内的所有展示一览无遗。这种开放性的设计，很好地体现了优衣库的自信感。

所有一切的准备活动都已经就绪，然而真正把这些设想变成现实却并不是容易的事。在美国，在政府制定的法律基础上，社区民众通过类似于"居委会"的组织可以对社区的发展发表重要的言论。这些居委会下设常设机构，定期召开会议，对这个社区什么样的人可以住进来，什么样的商家可以进来经商，商家怎样处理自己的商店都有一定的自主权。

SOHO地区因为保留着许多百年前的历史建筑，因此与社区居委会的沟通也着实消耗不少精力。尽管如此，纽约旗舰店却因为尝试了不同的空间概念，由此传达出的优衣库简单、朴素的经营理念对当地美国人来说确实耳目一新。

2006年11月10日，优衣库在纽约SOHO区开办了截止到当时在全球范围内规模最大的一家店铺，其卖场面积达到了3 000余平方米。在开幕当天，柳井正信心十足地对前来购物的消费者和采访的媒体说:"现在优衣库所能实现最高水平的商品、店内陈设和服务,全部都集结在这家代表优衣库全球化的旗舰店。"这句话表明,柳井正把纽约的这家旗舰店当成了优衣库进军全球的一个重要指标。

新的 LOGO 第一次出现在海外市场,当时的美国媒体称他们从这个 LOGO 上看到了日本国旗的形象,以及"前所未有"的张扬,正与佐藤所表达的最初理念"我希望能够强力传达出这个足以傲视全球的特征"完全符合。

优衣库的做法,彻底改变了日本企业在欧美市场一贯的低调作风,纽约店开张的时候,还打出了"From Tokyo to New York"的口号,柳井正就是要大张旗鼓地告诉美国人优衣库是从日本来的。

在下一步进军巴黎和上海的计划上,柳井正也延续了纽约旗舰店的优秀之处,优衣库正在开始一个在全球范围内全面复制成功的新时代。

思维派生商机

有这样一个很著名的故事。美国一家制鞋公司正在寻找国外市场,公司总裁派一个推销员到非洲一个国家,让他去了解那里的市场。这个推销员到非洲后发回一封电报:"这里的人不穿鞋,没有市场。"于是公司派出了第二名推销员,他在那里待了一个星期发回了电报:"这里的人不穿鞋,市场巨大。"

现在让我们来判断一下,哪一个推销员是市场营销人才?第一个显然不是,而只是一个收取订单的人。没有订单,他也就无所事事。

第二个也不是营销人员,而只是个推销员,因为他认为,"我可以推销任何东西,尽管人们不穿鞋,我也能让他们穿上。"

什么是营销人员呢?第三个才是。

他在非洲待了3个星期,发回了电报:"这里的人不穿鞋,但有脚疾,需要鞋;不过我们现在生产的鞋太瘦,不适合他们,我们必须生产肥些的鞋。这里的部落首领不让我们做买卖,除非我们搞大市场营销。我们只有向他的金库里进一些贡,才能获准在这里经营。我们需要投入大约1.5万美元,他才能开放市场。我们每年能卖大约2万双鞋,在这里卖鞋可以赚钱,投资收益率约为15%。"

你看他做了些什么呢?他并没说我可以"卖鞋",他说明了这里需要什么鞋,投资收益率如何,怎样通过卖鞋赚钱。所以,营销人才必须懂得市场调研、产品设计、财务核算等。

就在纽约店开店前的营销会上,营销部的人坚持认为美国人与亚洲人不同,有自己独特的着装需求,因为特殊的国情观念,他们对服装的尺寸、颜色及时尚风格都与亚洲人不同,因此工作的重点应以此为基础,设计开发有针对性的商品。结果,新研发出的商品并没引起关注,几乎可以说是全军覆没。这是什么原因造成的呢?在总结这段工作时,柳井正想到了上面著名的卖鞋子的故事,就是说,营销人员都是先入为主地犯了营销思维方式的错误。

优衣库在海外市场的发展，应该更彻底地遵循优衣库自身的优势、特点，然后结合当地人群的实际消费观念，同时开展营销工作，不能单纯主观地认为"迎合"了消费者，就会促进商品销售。

类似这样先入为主的观念，柳井正还听过很多。比如"运动套装根本不可能在海外销售成功""服装上下身颜色不应该相同"等。

更可怕的是，营销部的其他成员一旦听到这样的讨论，大多会表示赞同，似乎大家的想法出奇地一致，也许都认为"这里的人不穿鞋，没有市场"吧。

如果按照故事中第二个营销人员的思路想一想，会是什么结果呢？如果因为服装颜色上下身相同而销售困难，是否可以尝试将套装拆开来卖呢？当然，如果再将思维拓展，采用故事中第三个营销人员的做法就更有成功的可能，比如，可以将拆开的套装价格做个调整，原定套装的价格1 990日元，改成上下身各990日元，或者与其他颜色搭配销售，或者建议顾客同时购买多件，然后根据个人喜好进行混搭，等等，也有热销的可能。

现在，优衣库真的按照柳井正的思维方式，将运动套装分开销售，且为了促进销售，鼓励顾客若购买套装，则优惠500日元。这项措施大大提高了销售量，并且开始在其他海外店推广应用，更好地在海外竞争市场发挥了作用。

柳井正本人也正是通过这样的思维方式，督促自己不断改变先入为主的观念，带领优衣库营销团队，将更多在业界人士先入为主地认为无法销售的新产品引爆市场。HTATTECH 与 BRATOP 的热卖皆是如此。他坚信，只要在商品及销售方式上不断改善、突破、创新，就有创造更大商机的可能。

一般的商人都会从多数非洲人不穿鞋这一现象判断出这里蕴藏着一个巨大的商机。而问题也随之产生——非洲人不穿鞋这一现象究竟由谁来改变，或者说要由谁去教育非洲人穿鞋。德鲁克说：在市场上，要不然是市场规则的建立者，要不然是跟随者，要不然是破坏者。要做规则的建立者，意味着必要的投资，但却不是每个人都能确信这样的投资能得到应有的回报，因此需要科学的市场调查来帮助决策。

柳井正也恰是在大胆尝试创新的基础上，敢于投资，勇于承担风险，通过严谨、科学的市场调研不断打破先入为主的业界竞争观念，不断创造着新的销售神话。

超低价营销

低价优质是优衣库一贯的经营理念，以拥有功能性材料等附加值的基础休闲服饰越来越引起消费者的关注，大家开始接受优衣库从单纯低价的原始积累期到货真价实的转变。但是，低价甚至更低价格的营销策略，迅销公司依然坚持进行着。

2006 年 3 月，开设了以更加低廉价格为营销手段的 g.u. 服装销售股份公司，这既与优衣库将过去商品低廉价格路线向高品质路线的转变不相矛盾，又能继续抢占低廉服饰价格市场。

g. u. 公司成立后，便以"惊人的低廉价格"作为最大噱头的营销卖点，并将店铺设在大荣的店内。之所以设在大荣，这和大荣公司的时代背景有关。

大荣公司创建于1957年，其前身是一家杂货店。从在大阪开设第一家店铺"主妇之店 DAIEI"到1972年超越老字号的三越公司成为日本零售业霸主，大荣只用了短短的15年时间。可以说，大荣创造了一个又一个商业神话。而在泡沫经济崩溃十余年后的今天，该公司却落到了不得不在日本产业再生机构的指导下进行重组的地步，并且在2004年12月招募企业对其产业再生机构进行支援。

为了成为大荣的支援赞助商，迅销公司与伊藤洋华堂联手进行了提名，不过最终决定由丸红及 Advantage Partners 牵头，以林文子董事长和樋口泰行总经理组成的经营体制来突破难题。

樋口先生曾担任过日本惠普公司的总经理，柳井正等高层从那时起就相识了，所以柳井正对他提出了想要在大荣店铺里开店的请求。而大荣方面刚好也有加强服饰产品的意向，因此双方就开店一事达成了协议。2006年10月，在大荣南行德店内开设了 g. u. 1号店，并定下最初的战略目标——5年内建立200家店铺，达到销售额1 000亿日元。

开店之初，就像所有刚刚出现的新鲜事物一样，受到广泛的关注，但是因为没有持续不断的营销信息，也就慢慢在消费者的脑海中淡化下来。低迷的业绩让樋口先生感到不安，加上他个人的经营主旨不能得到认同，最终于2006年年末离开了大荣。

怎么办？面对骑虎难下的局面，管理层都陷入了深思。

g.u. 会议上，负责人开始提议以更低的价格销售。那么，低到什么程度呢？这是个关键问题。这一时期，牛仔裤销售的市场价格，在优衣库为3 990日元，在g.u. 为1 990日元，还要低到什么价格才是合理的呢？

有人认为应该降到1 490日元，相信这应该可以打动顾客了。但是柳井正认为，1 490日元与原来的1 990日元相比，在消费者心理上不会有多大的距离，索性直接降到990日元。

990日元？一条牛仔裤990日元，这让很多人感到震惊，尽管价格够震撼，但是真的会赢利吗？柳井正则提出了自己的理由：经济低迷环境下，任何一个消费者都会摸着自己的腰包选购商品，没有让他心动的价格，绝对不会轻易出手。只有超乎顾客能够接受的寻常低价，才会引发他的震惊，让他第一时间反映出价格这一元素最具魅力，甚至可以忽略其款式与质量等方面因素。

市场实际销售证明，柳井正这一举措相当了得。2009年3月开始的疯狂低价策略，让g.u. 全部店铺的牛仔裤几乎销售一空，仅仅2周时间就出现断货，可谓空前成功。于是，不得不重新改变生产计划，将原定的50万条上升为100万条。

如此狂热，引起了同行的躁动。那些大型批发超市及各类休闲服装销售公司不得不紧追其后，大打低价牌。当然，狂热的背后，有g.u. 或者说柳井正理智的思考。

低价只是促销手段，赢利才是根本。为了确保超低价营销的成功，g.u. 在2008年9月，与其他两个子公司进行了合并整合，成立了 GOVRETAILING 公司，在生产和管理等方面建立了和优衣库相同的体系。为了实现 990 日元超低价销售赢利的可能，g. u. 到中国采购成本更低的牛仔布料，然后统一到柬埔寨工厂进行加工缝制，在原料和加工成本全球最低的情况下，实现了 990 日元销售赢利的可能。

g. u. 990 日元牛仔裤销售的成功，让柳井正得出了这样一个经营哲学：在定价方面，目标在于找出大多数顾客都感到满意的价钱，并使其乐于花钱消费。如果价格太高，顾客懒得理你；价格太低，顾客固然兴高采烈，但是如果没有很好的销量保证，那么所得利润将不足以维持企业正常运营。

管理层的哲学将决定定价的策略。有疯狂思维的经营者会定出超过寻常、带有侵略性的超低价格；而万分谨慎的经营者，则在定价问题上近乎保守到无动于衷、不知所措。

显然，柳井正属于前者，是一个疯狂的、具有侵略性的经营者。

帅酷 Logo 傲视全球

Logo 就是企业的一张脸，如果说企业制作的商品和提供的服务是内在美，那么一个公司的 Logo 就是公司的外在美。由于时代的变迁，人们的审美观也发生了巨大的变化，所以，很多公司的 Logo 都会与时俱进做出改变。

优衣库在最开始的时候，提出的口号就是"自由、民主"。然而对于一个以休闲服饰为主要卖点的店铺来说，这样的口号未免显得过于严肃。为此，柳井正开始寻求变革，他说："就像挖到金矿一样的感觉，比好还要更好。"不断精益求精的柳井正提出了"Unique Clothing Warehouse"的理念，其本身的意思是指"独一无二的服饰仓库"。为了这个新的经营模式，他找到了设计公司要求对方为自己设计出一个既能够传达出公司理念，同时又能够让人印象深刻的标志，从而让人们更好地理解优衣库这一拗口的英文名称的经营理念内涵。

设计师巧妙地在两个单词之间加上了一个间隔号，这一长串的英文字母就变成了"UNI·CLO"，其意思是要用间隔号来区分"Unique"和"Clothing"。然而，在几年之后，因为一个小意外，当初的"UNI·CLO"变成了现如今的"UNIQLO"。

而这个意外，现在想来也颇有意味：

1988年，柳井正来到自由贸易的港口——香港，他本想在这里注册成立香港分公司。但因为注册时对方错把"UNI·CLO"中的"C"写成了"Q"，"UNI·CLO"就变成了"UNI·QLO"。这个意外，让柳井正感到大为惊喜，他顺手把LOGO中的间隔号也去掉了，这样一来优衣库的几个英文字母看起来清爽了不少。将错就错，整个日本的优衣库店铺也全都换上了新的标志形象。

在设计新LOGO的时候，柳井正为了找到一个"志同道合"的设计师可谓是煞费苦心。佐藤可士在日本有着"创造营利设计魔术师"的美称，并且他还曾经为SMAP、明治大学、麒麟啤酒等知名的企业进行过设计工作，柳井正看中的是佐藤以极度的严谨、高效率和精确完成客户要求的行事风格。而佐藤主张的进行"思考模式的实体化探索"的设计方式，也有别于日本国内其他设计师，这在设计工作中不断地激发着佐藤的灵感。

那时的优衣库在日本已经具备相当的知名度，但是因为要考虑到日本顾客的购物习惯，还要向海外市场展现出优衣库作为一个全新的跨国企业所具备的软实力。在接下了优衣库交给的任务之后，佐藤需要做的第一件事情就是重新去规划优衣库的LOGO。佐藤在思考优衣库新的LOGO时还得到一个发现，原来优衣库的"UNIQLO"几个字母并不是一成不变的，除了在香港的那一次意外改变之外，优衣库标志的底色从创业时的酒红色变成了当时的胭脂红，几个字母的字体也变得比原先纤细不少。柳井正把这称为"一切都是在不知不觉中发生的改变"。

不管怎么说，优衣库LOGO的改变，也就意味着优依库从创业直至当下随着时代的变迁也在逐渐改变。佐藤表示，想要让优衣库从东京走向全世界，就要让优衣库打上深深的日本烙印。只有民族的，才是世界的。

佐藤保留了原LOGO四方形的造型，却把底色变成了另一种红色。佐藤解释说，这是日本国旗的颜色，目的就是让全世界都知道优衣库是日本成衣界的代表，这更可以彰显优衣库的存在价值。

并且，新LOGO的字体也变得更细，让人从视觉上感觉到更加洗练和现代化。在33∶20的长方形LOGO中，用占据更宽比例的方式来表达UNIQLO的自信。如果不仔细看，或许并不能看出新标志有哪些特别之处。但是在潜意识中，大家普遍认为新LO-

GO 更具时尚感,而"UNIQLO = 便宜货"的负面评价也随着新标志的面世逐渐得到改善。

为了彰显优衣库的日本风,佐藤可士还做出了一个纯日文的片假名"ユニクロ"。当这一切新鲜的改变都在纽约面世的时候,美国人的第一感觉就是"酷"。尤其是把日文片假名"ユニクロ"和优衣库的英文标志"UNIQLO"放在一起的时候,让人更感觉到一种顽童的心态。柳井正说,时尚和流行是优衣库的宗旨,这让我们看起来不那么刻板。

继纽约店的成功,佐藤马上又为迅销公司设计了一款新的企业识别标志。一般来说,企业的识别标志必须对企业过去做过的事情,现在正在做的事情,以及将来准备做的事情做一个综合表述。迅销公司的识别标志必须反映迅销的精神支柱,用言语来表达的话,就是"革新和挑战"。今后,迅销集团还将秉承这一精神,将"革新和挑战"进行到底。柳井正要求必须将这些元素揉入新设计的识别系统中。

新的企业标志出炉,这款标志整体上是一块割成三块的纯红色的倒三角,柳井正很满意这个设计。红色的三角旗,右边朝上翘的部分,意味着公司不断成长和突破。透着全体员工凝聚在旗帜下,从身边一点一滴做起,锐意改革的强烈的视觉表达。旗帜由三个线条构成。这三个线条,把集团的"改变服装,改变常识,改变世界"的个性主张表现得淋漓尽致。红色则传达着革新、激情、强大、自立、先进等意思。在这个识别标志里,反复强调和凸显了优衣库的 DNA。

从 LOGO 的改变,再到整个公司标志的设计,柳井正和佐藤开创了优衣库的全新形象。对优衣库来说，不断思考无疑是最好的习惯。

实施大并购

柳井正一直以来都怀有一个梦想，他希望以优衣库为矛头带领着迅销公司实现整个企业的全球化。在把工作领域扩展到全世界的同时，柳井正想要看到的景象不是全球四处派遣日本员工去工作，而是世界各地的员工主动进入优衣库寻找个人发展的机遇。

因此，柳井正在2005年重新拿起指挥官教鞭时，他提出了"二次创业"的口号。这一次，他希望看到优衣库从日本国内真正走向全世界，向所有的消费者展现出一个具有世界规模的新优衣库。

优衣库单纯依靠国内竞争，看似占了上风，但是如果无法打开国际市场，必然无法长久生存。因此，柳井正迫切希望开展其他相关产业，提高海外市场占有率。

如何在自主创业的同时，快速开展海外事业？并购——这是柳井正的第一反应，他希望通过并购的方式来提高优衣库的市场占有率，以此在欧美市场建立长久的据点，促使优衣库成功入主纽约和巴黎等地，进而跃居世界知名服装品牌前几位。

2004年1月，迅销首先对经营欧洲"theory"品牌的LINK

INTERNATIONAL CO., LTD. 公司进行投资；同年 12 月对以法国为中心经营"PRINCESSE tam·tam"品牌的 PETIT VEHICULE S. A. 公司进行收购，并于 2006 年 2 月将其纳为附属公司。接着，在 2009 年 1 月至 3 月中旬实施的公开招股活动中将日本 Theory 公司完全纳入附属公司。柳井正认为，迅销公司能够在欧美逐渐受到好评和重视，与在巴黎拥有 COMPTOIR DES COTONNIERS 和 PRINCESSE tam·tam 品牌、在美国拥有"theory"品牌，存在很大关联。消费者会理所当然地认为，优衣库和这三家知名品牌具有一定的关联度，如此便可在无形中提升优衣库的品牌价值。

当然，收购并不是容易的事。为了进行收购，柳井正本人常常要接触大量相关人士与部门，而直接负责收购的代表恐怕比柳井正接触的人与部门更多。收购也是经营的一部分，也需要付出大量的人力、物力和财力，为了更好地进军国际市场，迅销集团的经营者们不遗余力，始终满怀饱满的热情，给世界带来新的惊喜。

抛开收购的辛苦不说，寻找到与优衣库从事相似业务，同时经营风格也与优衣库相似的公司着实不易，这些都是收购时最需要考虑的前提条件。在实际收购中，诸多因素往往制约着这些不断努力的精英们。

收购有成功，就有失败。2005 年 11 月，当迅销公司试图并购 rosner–J 品牌作为优衣库进军欧洲的据点时，却把一副好牌砸在了手里面。rosner–J 品牌在被并购之前，早已经是空有其表了，因此柳井正为了避免更大的损失不得不在 2008 年 12 月份把迅销公司所持有的所有 rosner 的股份卖掉，为此他直接损失了 17

亿日元。

但柳井正并没有灰心,就像是他一直秉持的一胜九败的理念一样,失败对他来说只是通往成功的一段小插曲。

每次收购都会引发各地相关媒体的纷纷报道,借助这一时机,柳井正不遗余力地宣扬着成为世界第一的伟大目标和作为一个经营者的低调中的那股豪迈。这为迅销集团和优衣库的深入人心,加了很多的民意分。

柳井正坚信,每当进行收购时,自己的那番慷慨激昂的话语一定会发挥正面影响力,优衣库的品牌形象也会自然而然地随之上升,集团在世界市场上的地位也会逐渐得到认同。

重在参与

早在 2004 年初,经营休闲服装领军品牌 UNIQLO 的日本迅销公司董事长兼总经理柳井正在接受《日经商务》记者采访时就宣布,到 2010 年 UNIQLO 的销售额将达到 1 万亿日元,这一构想意味着在短短的 6 年内要把销售额增加 3 倍之多,这是个极具挑战性的目标。

迅销公司计划通过导入第二品牌、实施企业并购等手段来实现这一目标。2004 年 1 月,迅销公司宣布取得美国 Theory 集团的经营权,该集团的"Theory"品牌在日本深受女性的欢迎。这一举动可以看做是为"2010 年 1 万亿日元"构想迈出的第一步。当然，接下来的每一步都各有各的精彩，各有各的成长。

但是至今，迅销公司当初试图对美国的BARNEYS百货进行收购那次，柳井正却感觉相当值得回味，用四个字来低调地概括的话，是"重在参与"。

公司研发中心的执行官胜田幸宏曾经是巴尼斯的职员。一天，他得到了"BARNEYS好像要被阿拉伯的基金收购了"这样的公开信息，并把这件事告诉给了负责收购、合并活动的执行官京极康信，两人随即提议柳井正参与此项收购活动。

BARNEYS是发源于曼哈顿的百货公司，其背后有着来自中东地区的石油公司作为强有力的后盾，已经被收购的Theory目前也是BARNEYS的供货商，如果将BARNEYS成功收购的话，已被收购的法国两大品牌COMPTOIR DES COTONNIERS和PRINCESSE tam·tam，就能因此推进纽约，就此打开美国市场的大门。因此，优衣库非常想收购这个在美国具有代表性意义的高级百货公司。

同时，柳井正了解到BARNEYS虽说是百货商店，但实际上是一家大型精品专卖店。选择全世界的真正优秀品牌摆在店内销售，这就是它的营业实态。它们自身也在发展以CO-OP为名的SPA，现在正处于摸索阶段。如果它们能够运用我们SPA的生产管理技术的话，恐怕能比自主发展更早更好地完成工作吧。如果实现了这些的话，就能将投资的费用全部赚回来。

2007年6月22日，持有BARNEYS公司所有股份的美国服装制造商Jones Apparel Group, Inc. 宣布，将BARNEYS公司的所有股份以8亿2 500万美元（约1 000亿日元）卖给阿拉伯政府出资经营的投资基金 Istithmar 公司。不过，在合同书上设置了"第三方申请提案期限"。

意思就是，石油大亨将以这样的价位购买本公司，但本公司想要以更高价位出手，还可以有其他公司来竞标。

柳井正实在对提供时尚精品的 BARNEYS 公司的成长潜力及与迅销集团合作的积极后果有所期待，于是在 7 月 2 日提出了以 9 亿美元购买 BARNEYS 公司全部股份的竞标提案。希望对方能将他们集团也加入到投标伙伴中，而且这项交易就算失败了，也不会对他们公司产生什么实质上的损害，所以积极参与。

2007 年 7 月 30 日，迅销向 Jones Apparel Group，Inc. 公司提出了以 9 亿美元购买 BARNEYS 公司全部股份的收购申请。而这次，Istithmar 公司对此提出了对抗方案，在同年 8 月 3 日将收购价格提升至 9 亿 5 000 万美元，再次向 Jones 公司提出了收购申请。

2007 年 8 月 8 日，Jones Apparel Group，Inc. 公司接受了 Istithmar 公司的提案（比我们公司更高的金额），而且没有对柳井正公司提出的购买申请作出明确回应。于是，柳井正便退出了这项收购活动的再次申请。

当所有人都为这件事情的失败感到遗憾时，大家却惊讶地发现，在近两个月的时间里，因为迅销公司参与了全程的并购活动，当地的媒体对优衣库和柳井正的曝光率达到了前所未有的水平。之前美国人根本就不知道迅销公司，正是因为并购 BARNEYS 百货公司这件事情，才让柳井正在美国一夜之间成为家喻户晓的人物。优衣库在时尚零售业的知名度，也被提升到空前的高度。

面对并购的失败，日本媒体开始鼓吹优衣库并不具备成长为全球化品牌的能力。他们指出，柳井正一直引以为傲的优衣库服装品牌，尽管在质量和价格上具有无可比拟的优势，却缺乏打开海外市场的能力。一直到2010年5月份，柳井正在接受日本《钻石周刊》的访问时才正面回应这些流言。他说，自己近几年一直都在和世界不同品牌的经营者见面会谈，并且还主动研究过上百家不同企业的经营现状，迅销之所以暂时停止了并购的脚步，不是因为自身没有如此实力，而是还没有寻找到真正合适的并购目标。同时，柳井正还说道，并购行为并不是股权持有者之间通过尔虞我诈的行为实现资金的转移，真正考验经营者的是并购成功后两家不同企业之间的整合问题。如何把优衣库的理念，完美地融入到并购而来的企业中，才是困难所在。

现在回想起来，柳井正甚至为当初没有成功并购 BARNEYS 百货公司这件事情感到些许庆幸。2008年的金融海啸使得众多企业的品牌价值锐减，BARNEYS 也不例外。而柳井正和优衣库，却依旧能够在乱世中笑傲群雄。

BARNEYS 收购失败，并没有让公司损失什么，反而因为积极参与，得到了媒体的广泛传播，让全世界关注迅销公司，关注柳井正这个人，这是最值得称道的，也是最宝贵的财富和经验。

面向世界的橱窗

优衣库之所以要快速地扩张海外店铺的数量,无非是想要和H&M、ZARA相竞争。因为没有完善的人才培养计划,同时店铺扩张的速度也不能够降下来,这就促使了优衣库在国际化过程中的风险性大大增加。并且在优衣库的销售范围大幅度扩张之后,缺少能够有效分析当地消费者消费潜力的优秀人才,无法根据市场受众的不同而继续研发新产品。无奈之下,只得在各地不同的店铺销售同款式的商品,由此造成了对优衣库最致命的打击。

因为全世界的衣服是按照同一个款式和尺寸制造的,日本和伦敦的服装没有丝毫差别,但因为两地消费者身形和喜好的不同,从而出现了销量上的天壤之别,这也正是优衣库第一次进军伦敦失败的原因之一。

距离第一次进军英国已时隔6年,尽管发展坎坷,但是6年的时间过去了,应该是开设旗舰店的时机了。

2007年11月,在被誉为世界第一的购物区域、英国伦敦的牛津街上同时开设了卖场面积2 100平方米的全球性旗舰店和1 200平方米的店铺。这是继几年前的纽约SOHO店开设之后的第2间全球性旗舰店。

柳井正信心满满,认为这个店一定会成为牛津街上的一道靓丽风景线。在22.5米宽的开阔入口处设置了4台直达2楼的圆筒形衣架箱,最新的服装被展示在圆筒里面,并不停地旋转着。在有意识突出当代日本炫酷时尚的店内,以"未来的T恤便利店"为理念的"UT"首次在海外登场。关于UT的相关内容,本书前面章节已经介绍了,这里就不再做详细阐述了。这次,优衣库的意图很明显,以概念的方式宣传UT,一旦成功,将开始推广在日本国内的成功经验。

另外,在由24台等离子显示器组成的"显示墙"上播放着与优衣库全球网站同步的内容。这就是作为"面向世界的橱窗"的全球性旗舰店的隆重登场。

在同一天,在同一个街道上还开设了一间1 200平方米的新兴大型店铺。该店铺采用了多窗设计,采光性好,在店内设置了方形的模特儿展台,而展台上设有滚动显示屏。展示出的宽大舒适的宽松牛仔裤也是在伦敦首次亮相。

挑剔的英国人对这个旗舰店给予充分好评,旗舰店与柳井正本人,在开业当天与之后的一段时间里,经常被大篇幅予以报道,尽管部分内容略显夸张,但无疑都是对优衣库及柳井正的褒奖。

再秀时尚之都

2007年12月,优衣库在距离巴黎市中心只有10分钟车程的新凯旋门购物中心开设了优衣库在巴黎的一号店。当时的卖场面积在180平方米左右,是优衣库在英国、中国大陆、韩国和美国之后开设的第5家海外店铺。

而这个店的开设,柳井正并没有主张大张旗鼓地宣传,也没指望引起优衣库品牌的狂销。因为柳井正明白,单纯依靠如此小规模的店铺经营,在时尚之都巴黎是不可能打响优衣库的品牌,所以,这家店设立的目的在于搜集巴黎消费者的信息,以及负责宣传优衣库的经营理念。

鉴于巴黎市民对流行性敏感度颇高的特点,优衣库借助于一号店在巴黎传达自身品牌概念的历程整整走了五年。五年的时间,柳井正多次对一号店搜集上来的消费者信息进行研究,最终在长时间的市场调查之后,优衣库等来了最成熟的时机。因此,优衣库在巴黎的旗舰店还没有开张,在巴黎的宣传攻势就已经展开了。

值得一提的是,法国这个国家因为社会主义倾向比较强一些,政府对企业的干涉要明显多于英美国家,所以,规章制度十分严格。优衣库在巴黎要开旗舰店,费了很大周折。但是好消息是,相对其他国家的人而言,似乎法国人的形体更适合穿优衣库品牌的休闲服饰,这对今后开展营销工作极为有利。

2009年10月1日,面积达2 150平方米,毗邻世界著名的百货公司老佛爷和巴黎春天的优衣库巴黎旗舰店开张了,之前的宣传预热明显起了作用,将近上千人的队伍排在店外,等待营业时间的到来。

在巴黎旗舰店开张之前,柳井正几乎调动了优衣库内所有人的力量来进行筹备工作。为了在巴黎一炮打响,柳井正选择了一个略显保守的方式进攻。他最初选择了在巴黎早已经负盛名的精品店"柯莱特时尚店"同优衣库进行强强联合，最终设计出以日本动漫为主题元素的系列服装。

因为是限期销售，并且柯莱特时尚店是巴黎地区精品店的第一品牌，再加上每个月都会举行的特卖会，一系列成功的因素累积下来，使得优衣库的店铺尚未开张，就已经名声在外。

在广告宣传上，优衣库全部包揽了巴黎地铁车站的广告牌位。在每一个地铁站附近都有整整一面墙的大型广告区，上下加起来大致可以张贴十五张大型宣传海报。能够把广告张贴到这里的企业，都有着深厚的家族背景。但优衣库这一次却选择了大出血的方式，柳井正把十五个牌位全部包揽了下来。甚至在歌剧院以及其他车站附近的扎眼之处，都被优衣库的广告彻底围堵起来。这使得所有巴黎人不论是上班出行，还是休闲娱乐，走到每一处，都能够看到由佐藤可士设计的以红色和白色为主的简洁设计。

同时，柳井正考虑到巴黎人爱吃面包，为此，柳井正提出把优衣库的广告引到面包的包装纸上，让买了面包的人可以拿着优衣库的广告到处走，这就等于让优衣库的广告真正地走进每一个消费者个体。于是，一夜之间，全巴黎的人都变成了优衣库免费的移动广告牌。尽管这种方式并不是优衣库的创举，但如此大规模地宣传优衣库的方式，还是取到了立竿见影的效果。

在巴黎旗舰店开业同日，优衣库与德国时装设计师吉尔·桑达合作创建的"＋J"系列秋冬产品也面市了，该系列由外衣、牛仔裤、衬衫、针织服装和其他产品组成，在包括巴黎旗舰店在内的全球约90家优衣库专卖店以及优衣库的网站上发售。

2009年10月8日,快速零售株式会社公布了2009财政年度(2008年9月—2009年8月)的骄人业绩。截至2009年8月,迅销公司销售收入和收益实现大幅度增长,营业收益创新纪录,这是8年来的首次巨大成功。强劲表现背后的主要原因是迅销公司的支柱业务———优衣库日本业务在销售收入和收益方面显著增加。

迅销的业绩报告显示,至8月本财政年度,该公司营业收入和利润实现两位数的增长,因为其优衣库的低成本休闲服装连锁店销售依然强劲,尽管当时日本市场的个人消费持续疲软。

快速零售的净利润增至497亿日元,较上一年的435.3亿日元同比增长14.4%,同期运营利润增长24.2%,是创纪录的1 086亿日元。营业总收入上涨了16.8%,从去年同期的5 864亿日元升至现在的6 850亿日元。

很明显,在消费者仍然十分不愿意花钱的时候,迅销是日本零售业界的少数亮点之一。在日本本土优衣库许多店的销售增长了11%,因为响亮的品牌和制作精良的服装吸引了注重价值的消费者。与此同时,意大利范思哲集团已经关闭了在日本的最后三家精品店,这表明它在世界上最大的奢侈品市场之一的日本开始失去光彩。而优衣库跃跃欲试,正试图通过诸如推出与吉尔·桑德合作的新产品线来吸引新的消费群。

越来越多人开始将优衣库与H&M和ZARA相比较,但是柳井正则表示不完全同意。他认为,H&M和ZARA只是销售时装,优衣库则不同,优衣库提供高品质的服装。优衣库的哲学是一件衬衫、夹克或毛衣，只是一个人表达他们个性的配件。这就是为什么优衣库寻求出售款式很普通但质量很高的衣服。

在世界时尚中心巴黎建立全球旗舰店，是优衣库朝着进入欧洲市场并成为全球品牌迈出的一大步。面对未来，柳井正更加跃跃欲试。

瞩目中国，改变世界

2009年，优衣库在巴黎的全球旗舰店开业之际，优衣库创始人柳井正说："我确信2010年春天在中国上海开设的全球旗舰店，将引爆优衣库在中国的市场需求。"

事隔一年，2010年5月15日，位于上海南京西路繁华地段的亚洲首家优衣库全球旗舰店隆重开业，全店投资额达3 000万美元，成为继纽约、伦敦、巴黎之后的第4家全球旗舰店。

柳井正的意图很明显，他不仅想要优衣库在上海落户，更想要借助上海旗舰店的跳板让优衣库成功入主中国市场。

开业当天，六大代言人陈坤、孙俪、方大同、黄豆豆、杜鹃、谭元元为之拍摄时尚大片并进行现场秀，还特别推出代表中国新潮创意的4组艺术家们围绕"从上海向世界传递的创意"的主题原创设计系列，以此吸引众多潮人排队驻足。

本次开幕的优衣库上海南京西路店，其卖场面积超过3 300平方米，是目前全世界优衣库中最大最新的店铺。开业当天，就有超过2 000名消费者在门口排队等待开门营业。上午十点正式开业后,来晚的消费者需要足足等上两个小时才有能进店的机会。因为人数众多,优衣库不得不采取限量放行的方式以维持店铺的正常运转。开业第一天,就有超过两万人前来消费购物。优衣库的负责人说,这一成绩已经大大超出了他们的预期。

相比进军巴黎时长达5年的蛰伏,优衣库进军中国更是整整历经了8年的沉淀。作为打开中国市场的前沿阵地,柳井正自然对其倾注了更多的心血。在开店之前,总经理潘宁曾经对中国市场做出一番分析。他说,目前在国内,中产阶级的比重正在逐年上升,这样一群人要求的是生活质量,他们需要更好的商品和更好的服务。因此,上海旗舰店的开张可以说是恰逢其时。柳井正为这一天足足等了8年,8年的时间里他做好了各种准备。

旗舰店由1—3层的卖场构成,店内摆放了迄今为止最多数量的模特,模特总数达到320个,搭配UNIQLO丰富多彩、琳琅满目的百搭商品,简洁直观地向来店顾客呈现来自UNIQLO的最新搭配提案。正面入口处还设置了旋转式模特,悬挂在半空之中,用独具匠心且极富冲击力的展示方式,提供当季最潮流的商品搭配方案。

基于2002年登陆上海失利的教训,这一次优衣库在进行新的服装款式上市的时候,采用了和日本完全一样的定价策略,并且还保证了和日本同步上市。虽然这样做让优衣库的服装和中国内地的自我品牌相比完全失去了价格优势,却在无形中代表了优衣库的服装品牌有着更好的质量保证。为了迎合中国人的喜好,在价格设定上上海旗舰店更偏重于数字"8",或者采用叠字的方式如"88""99",以增强消费者购买的欲望。此外,2010年春季新推出的牛仔系列,同样以开幕推广价99元回馈广大消费者。

这一次,柳井正无疑是成功的。在优衣库对上海市的消费者进行的优衣库印象调查中,超过八成的消费者表示会再一次到优衣库去购物,这个数字在所有外来品牌中牢牢占据着第一名的位置。

柳井正,这位连续两年成为日本首富的迅销公司董事长兼总经理,越来越看重优衣库在中国市场的发展。他定下的目标是,未来10年优衣库在中国市场的销售额达到1万亿日元,超过日本本土的销售额。回过头来看,可能当初谁都未曾想到,这家38年前家业只有1亿日元的服装企业,能够发展成为年销售额超过6 800亿日元的日本最大的服装零售集团。

关于未来,柳井正说:"我们要在10年内将公司扩大10倍,到2020年实现总销售额5万亿日元。"这听上去好像有些不可思议,不过对于总是能"说到做到"的柳井正来说,谁说不可能呢?

第 5 章 正视现实，顺应时代，自发地做出改变

优衣库"+J"的化学反应

2009年3月17日，优衣库母公司日本迅销公司宣布：为了提高服装品质，促进商品开发，公司已和世界著名时装设计师吉尔·桑达签订合约，由桑达担任公司设计创意总监，主要负责发展全球化事业的所有男性及女性商品。

此声明一经宣布，整个服装界产生了强烈反响。比起日本国内，可以说来自欧洲及美国的反响更强烈。他们震惊于吉尔·桑达如此时装界大牌怎会和一个大众品牌零售商达成合作关系。当然，震惊之余，也为此事兴奋，相信优衣库跟吉尔·桑达合作之后一定会产生意想不到的化学反应，生产出"新型未来服饰"。而发表当天的股票价格上升近700日元，这也的确让柳井正心生喜悦。

柳井正知道，自己对于设计和流行元素来说，即便了解得再深刻,也永远都是门外汉。天外有天人外有人,懂得向他人求教才是使优衣库不断进步的根源。然而,回想起优衣库与桑达女士的最初接触,让柳井正深感唏嘘,差一点他本人就要放弃合作的希望了。

从2008年春季开始,优衣库研发中心的胜田就开始与吉尔·桑达进行接触。正如传闻所说,吉尔·桑达女士在设计方面拥有很高的才华但为人极难接触和沟通,胜田不屈不挠地进行了多次交涉之后才最终说服了她。这足足花了1年的时间。

期间,柳井正甚至劝说胜田放弃,因为他知道,很多资深服装公司为了跟她签订合约而进行了相当辛苦的努力,但最终成功的极少。因此,对于一年后得以与如此大牌达成合作关系,柳井正对胜田的不屈不挠感到极其佩服,这让他看到了优衣库更加广阔的未来。他知道,优衣库所追求的简约中的新颖、美感以及感动,只有吉尔女士可以将这三种感觉同时表达出来。优衣库如果长期签约这位顶级设计大师,势必能够从她身上学到更多。

桑达出生于德国,她的童年在饱受战火摧残的德国汉堡度过。24岁以自己名字命名的高级品牌全球闻名。如今已近70岁的吉尔·桑达依旧美丽。

进入21世纪之后,吉尔·桑达的事业遭遇低谷,尤其与普拉达集团的那段纠葛,令她几乎销声匿迹。1999年8月,普拉达买下吉尔·桑达75%的股权,仅过了半年,她就辞去了公司总裁与首席设计师的职务。更加戏剧化的是,2003年她重新归位并与普拉达签下6年合约,可一年半之后,双方第二次分道扬镳。此后几经易主的吉尔·桑达品牌与它的创始人再无实际关联。

吉尔·桑达对大财团操控的时尚世界的那些变幻无常，已经厌恶至极，就此过起隐居生活，直到同样来自大财团的优衣库找上门来。此时，刚刚恢复元气的吉尔·桑达刚刚成立了自己的时尚咨询公司。优衣库此次登门除了不依不舍的那份真诚和不屈不挠地坚持外，更令她心动的是，这次不必再重复在高级时装界走过的老路，完全可以全心全力设计平价时装品牌。

寻找和被寻找的两方，都有了一种冥冥中缘分般的注定。甚至有人说，优衣库对于吉尔·桑达，与吉尔·桑达对于优衣库，都是互为救命稻草。

这话并不为过，隐退之后的她虽不潦倒，但失去事业重心的滋味却很不好过。如今重过自己主导的快乐设计工作，连她自己也承认："公司就是我的家，就像念寄宿学校，你从来不会感到孤单。"

时过境迁，重整旗鼓的吉尔·桑达说自己现在"很有精神、很快活，还很孩子气。"

曾与吉尔·桑达合作多年，如今也参与+J系列广告的造型师乔·麦肯娜说，她在优衣库的工作方式与以往并无差别。"一样的精确，一样的严格标准——每个针脚、每颗纽扣都很考究。"多次目睹+J试衣流程的麦肯娜说。

2009年9月面世的+J秋季系列相当成功。裁剪精良的姜黄色大衣、时髦的矢车菊蓝连帽外套以及大衣，售价皆不过千元。而在售的夏季系列中，轻薄的连帽外套和灯芯绒裤的价格也在500元以内。

+J系列的成功令她喜出望外，对待异国文化也更加客观和谦虚。她说:"日本给我的文化冲击非常大。我必须努力适应那儿复杂的阶层关系,交流的潜在规则,还有日本女性的社会地位。但从专业角度来说,我感到很自如。日本人非常崇尚质量和创意,优衣库也是一个很能适应新事物的公司。而且,日本也有许多值得发展、学习和创新的传统工艺。"

2010年冬天,在优衣库最引人瞩目的依然还属+J系列,该系列包括169款服饰。吉尔·桑达的利落剪裁配合优衣库的实穿性,正是+J系列的魅力所在。这个系列的衣服看似线条简单,与其他休闲职业装没什么不同,也只有当自己真正穿上身后才会不禁惊呼:"衣不可貌相,这剪裁真是太与众不同了!"

极简,是优衣库的宗旨,的确很多人做梦也猜不到,身为一线顶级奢侈品牌路线的吉尔·桑达女士会愿意加入这个日本时装大众化的年轻品牌担任创意总监。+J系列并非普通的设计师合作项目,吉尔·桑达通过媒体表示,她与优衣库的合作将无限期延长,并透露,"在设计+J系列的同时,我正在描画优衣库未来风格的蓝图。我希望创造出一种简洁、精美、人人可穿的服装,就像是一门通行全球的语言。"

这一点和优衣库的初衷相同。优衣库一直以来致力于生产具有时尚性的基础服饰,希望在这一力量与吉尔·桑达女士的感性及创造性的共同作用下,优衣库"+J"将来能够成为获得全世界消费者支持的产品。

柳井正这一次走了一招十分微妙的棋子,只要有吉尔·桑达坐镇,优衣库的服装就会永远站在流行的前沿,再不会有"优衣库是卖爷爷奶奶穿的衣服"的声音出现了。

吉尔·桑达的设计理念和优衣库的经营理念不谋而合，再加上柳井正对时尚和流行元素的敏感性，优衣库终于在国际市场上敢于向两大竞争对手 ZARA 和 H&M 叫板了。在设计界，极简主义一向不愁其追随者，但是很少有设计师能够像吉尔·桑达那样将其作为一种艺术而细细研究。她说："时尚最重要的是其连续性，女人们渴望自己能够信任、依赖某些事物。"优衣库把吉尔·桑达招至麾下，就等于给自己确定了具有连续性的长达数年的时尚潮流路线。

中国网售，名利双收

科技的发展已经日益千里，想要把优衣库带到一个新的高度，便离不开科技力的推动。柳井正通过公司调研部门实际调研得知：当前，中国电子商务市场发展迅猛，市场潜力巨大，截至 2008 年年底，中国网民数已达 2.98 亿人，超越美国跃居世界第一，而电子商务的规模已达 24 000 亿元。

经过一番深思熟虑，在率领优衣库进军中国之际的柳井正，做出了一个令他今后感到无限自豪的举措——与中国的网购之父马云进行合作。

2009 年 4 月 16 日，中国大型 IT 公司阿里巴巴旗下，亚洲最大的网上零售商淘宝网与国际著名休闲服品牌优衣库正式结成战略合作伙伴关系。双方宣布，优衣库将在淘宝网上开设其中国网络旗舰店,并借助淘宝网 1 亿多会员的高集客力,将优衣库的高品质时尚,更便捷地带给中国各地消费者。同时,淘宝网还将进一步帮助优衣库建立、完善和推广它在中国的官方网站,全方位地帮助优衣库拓展其在中国的网络销售渠道。

"很快,优衣库 1 家淘宝旗舰店就会超过 100 家线下店。" 4 月 16 日优衣库淘宝店开张当天,马云和优衣库社长柳井正打赌。

上线 11 天后,优衣库就以惊人的销售速度超越了淘宝商城的众多服装品牌,冲至淘宝商城男、女装销量第一位。目前,优衣库淘宝店每天销售额近 40 万元,一天赶超两家实体店。

回首 2002 年,当时刚刚进入中国的优衣库,在与本土品牌的竞争中很快败下阵来。由于业绩不佳,北京地区的 2 家门店当年便黯然关闭。

对比之下,电子商务对优衣库的作用不可小觑。早在 2000 年 10 月,优衣库就在日本开展了网上销售事业。当时,"50 色羊绒"卷起购买热潮,将无法全部摆在实体店内的全色全号商品在网上进行出售,而这就是在日本开设网店的契机。自开店时起,访问量就不断激增,甚至还出现了暂时的商品断货,可谓盛况空前。

在那之后每年以百分之几十的年速率增长,发展得十分顺利。2008 年 8 月销售额达到了 143 亿日元(比前期增长 14.5%),相当于优衣库 30 家实体店的营业成绩。一切看上去如火如荼,那么在初入中国时,已经有了两年电子商务经验的优衣库,为何不从一开始就在网络渠道上多投入精力呢?

原来,2000 年 10 月的日本,正是网络泡沫开始破裂之时。

虽然在 2005 年，优衣库网上商城取得了 72 亿日元（约合人民币 5 亿元）的销量，但与当年 3 839 亿日元的总销量相比，网络渠道为优衣库提供的贡献率还不到 2%。

这和网络在不同国家传播推广和运用的方式有关。在日本，几乎连一家普通的超市也会有自己的网上商城，网络并不是这些传统企业最重视的销售渠道。在人口高度集中的日本，传统零售业已经发展到了极致，留给新兴渠道的空间并不大。优衣库网上商城也无法改变这一现状。重要的是，日本的许多企业通常和其上下游企业有着千丝万缕的联系，甚至在股权结构上相互渗透。电子商务，更像是附在传统渠道上的一双手，虽然无比灵巧，但它所做的一切都只是在为传统渠道服务。

而中国的电子商务是怎样的一种情形呢？事实上，在优衣库刚刚进入中国的 2002 年，整个中国，个人网上年度交易额还只有可怜的 5 亿元人民币，日后成为最大网络零售平台的淘宝网此时还没成立。

根据来自日本的经验、网络泡沫破裂后的余波以及刚刚起步的中国电子商务市场等种种因素的影响下，优衣库将资源集中在传统渠道是合情合理的。优衣库在中国初期所遇到的挫折，更多来自自身的策略失误，与并没有及时审时度势选择与阿里巴巴合作无关。

如今，两者的合作堪称成功与愉快。目前，优衣库淘宝店每天销售额近 40 万元，优衣库淘宝旗舰店上线 11 天后，仅一款女式运动连帽开衫就售出近 3 000 件，平均每天售出 200 多件，销售额相当于半间优衣库实体店铺的业绩。按照目前的交易速度，优衣库在淘宝网一年将实现至少1.5亿元的销售额。

最开始,优衣库淘宝店销售额的六成来自于上海、北京等有实体店的大城市。但随着优衣库知名度的不断上升,这个比例被颠倒了过来,三分之二的销售额开始来自优衣库门店没有覆盖到的地区。

优衣库,这一传统服装零售企业,正依靠其品牌、信誉等方面的优势日渐拥有一大批忠诚客户,并依靠淘宝网的强大电子商务平台作为依托、有力的物流配送系统作为保证,将各类型优衣库商品以最快、最省钱的方式送到顾客手中。这样一个产品种类更丰富、覆盖的消费群体更广,与实体店并无两样的网上门店却无限延伸了传统渠道的长度。

但优衣库淘宝旗舰店的更大受益不仅仅为销售额的增加,可喜的销售业绩已经让优衣库逐渐像ZARA、H&M一样为中国的消费群体所熟知。面对熟悉的竞争对手,优衣库在逐渐增加竞争中自信的砝码。

网络的触手有效弥补了优衣库实体店无法做到的事情,这更让优衣库的名字开始进入世界各地的寻常百姓家。优衣库和淘宝网的合作无疑是最典型的成功案例,当新世纪的第一个十年过去后,优衣库也进入了全新的电子商务时代,网络店铺和实体店铺相辅相成,共同为柳井正打造着全球化的蓝图。同时,网络上的如火如荼,也带动了优衣库实体店的销售。

把握时代脉搏,顺应时代发展变化,敢于在时代的汹涌浪潮中冲浪的人,才会适应不断变化的商品竞争周期。从调整到适应,这需要从自发性地做出自我改变开始!

UNIQLOCK：超语言宣传利器

2008年，在网络上快速传播的"UNIQLOCK"，在世界三大广告奖之一的"戛纳国际广告节"上，获得了金狮奖、互动和戛纳网络广告奖。此前，优衣库也获得了克里奥大奖（世界最高规格的广告设计全球奖）的互动大奖和One Show互动广告奖（总部位于纽约的世界创意广告评估机构）的互动广告奖。

因此这次获奖，使优衣库成为囊括世界级三大广告大奖的唯一得主，所有优衣库人听到这一得奖的消息后，都无比兴奋。无疑，这次获奖使优衣库在欧美甚至全世界又提升了知名度、美誉度。后来，优衣库与戛纳国际广告节主办方交涉，还拿下了2009年的广告节官方T恤制作权。

UNIQLOCK之所以引起广告节的重视，这和它的颠覆性广告传播创意理念不无关系。鉴于当下的年轻人都在追寻"酷""炫"等新潮名词，优衣库顺势推出了一款名为UNUOLOCK的博客插件。只要登录"UNIQLOCK"的官方网址，就会发现一幅以日本国为中心的世界地图。在这幅地图中，凡是正在使用"UNIQLOCK"的人，就会被圆圈圈起来，并且还能够显示这个城市有多少人在和你一起使用"UNIQLOCK"的博客插件。只要网民在任何一个圆圈内用鼠标轻轻一点，就能够轻松地进入该地区正在使用"UNIQLOCK"博客插件的一个随机博客中。因为

"UNIQLOCK"，可以让两个本来毫不相关的人，在瞬间通过网络联结到一起。

而且，大部分人也都会被魔幻般的背景音乐所吸引。如此魔力定然出身不凡，没错，这音乐来自著名日本电音 DJ，FPM（Fantastic Plastic Machine，梦幻塑料机器）的如花妙手。当然，UNIQLOCK 的影响效果也令人惊奇，用 FLASH 做成的画面上，跳着大大的数字显示着目前的时间，每跳五秒，便进入一段随机出现的五秒影片，这段影片是可爱的四位美少女，她们穿着 UNIQLO 今季主打的克什米尔毛衣或跳舞、或上楼、或编花绳、或随意跟着节奏律动着，五秒影片过后，再度进入下一个十秒周期。

而每一分钟过后，FPM 所撰写的音乐便会转变调性，每分每分随机地播放着背景音相同但旋律略为混音的音乐。而当每个整点来临，从零分零秒开始，便会切入一段三十秒的特殊舞蹈影片。一般影片由女性担纲，而整点的影片由男性表演。整点影片虽等候不易，但表演更加有趣。

更有意思的是，当每天晚上 12 点整，UNIQLOCK 好像就进入了睡眠模式，音乐改为轻柔缓慢的曲风，网民仍可以听到背景那一秒固定滴答一次的节奏，但这节奏已从白日的元气鼓动，转为午夜的悠缓心跳，就好像雨夜窗外的落雨声，令人逐渐产生睡意。随之而来的，那些白天还活力十足的 UNIQLO 美少女，也开始同现实中的人们一样，或捧颊假寐、或秉灯读书、或伏案而睡。

如此神奇的广告创意是如何产生的呢？2007 年的春天，为了给新上市的 POLO 衫做企划宣传，田中提交了两份提案，第一份的主题就是"UNIQLOCK",即"能够永远持续的音乐舞蹈钟";第二份的主题是"以博客为扩散中心"。最后,在所有人的集体讨论下,得出来的结果是把二者综合起来,利用博客的平台来传播"UNIQLOCK"。

田中先生本人喜欢用有节奏的舞蹈形态来展现优衣库服装的风采,而用时钟来表达节奏的概念,当时还没有人尝试过。他虽然是第一个,但田中相信自己的创意一定能够红起来。"unique"和"clock"的结合造就了新词汇"UNIQLOCK",再用具有浓重文艺色彩的"Music×Dance×Clock"组合作为副标题,使得对音乐、舞蹈和时间三者之一感兴趣的人们毫不犹豫地用鼠标点了下去。

这样一份极致主义的广告提案之所以能够被通过,这和优衣库与众不同的广告创作方式有关。因为优衣库有着自己的广告创作部门,而柳井正本人也始终坚持给创造者提供绝对自由的平台,当田中和柳井正开始沟通此事时,柳井正选择了支持这份似乎很难完成的创意。

UNIQLOCK是一个结合实用性、广告性、趣味性的网页小工具,它不但有着许多网站或blog需要的时钟功能,美少女简洁的舞蹈与美妙的音乐更是令人目不转睛。当然,UNIQLO的广告印象也便从实用与趣味中默默地打入观众的脑海里。这种手法寓有形于无形,你明明看到的是美少女在跳舞在睡觉,根本感觉不到是在刻意做广告,但又会不知不觉有"哎呀,这件衣服真可爱,在哪买的"的想法。

值得一提的是,优衣库线下进行选拔美少女参与UNIQLOCK

拍摄的活动整合，俨然就是日本的"超女快男"，UNIQLOCK 中跳舞的几个女孩，如今已经颇有名气。其实选拔本身也已经进化成了很好很强大的宣传工具，有力地扩大了 UNIQLOCK 与优衣库品牌的影响力。

对于制作这样一个独特的创意，创意部的负责人胜部健太郎也有自己的想法。他说，"UNIQLOCK"之所以能够如此成功，一个很大的前提是谁也不愿意上网去专门看广告。所以优衣库要做的事情就是混淆受众对于广告的定义，让所有的网友都把"UNIQLOCK"看成是一个和世界某个地方不知名的网友沟通的工具，而不是优衣库的广告。

并且，最后在"UNIQLOCK"的链接中放进去的图片和视频都刻意模糊了国界的特征，取而代之的是以日常生活中都会遇到的小情节为主要描写对象，从而更加拉近了两个不同地区从未见过面的网友之间的距离。

因此，这样一份独特的广告创意形式，能够得到世界级别广告奖的褒奖，自然实至名归。但胜部健太郎在得奖之后，却把所有的功劳都归于了柳井正。他说，是因为柳井正对自己的信任才能够让这样一份独具创意的广告得以实施。

到 2009 年 8 月为止，"UNIQLOCK"已经成功吸引了超过 210 个国家、三亿三千万人次以上的点击率，更有 93 个国家74 000多位博主，在自己的博客中贴上"UNIQLOCK"的标签。

面对这样一份难得的成功，柳井正说，网络是所有信息发送手段中最有效的工具。只要善用网络，就能够把优衣库想要传递的信息安全且高效率地送达到全世界每个人的手中。

正是由于完全依靠自己，近乎叛逆的柳井正团队才会产生超人的创造力。在正视现实，否定"常识"和传统科学知识的基础上，他们形成了真正的创造力，真正地顺应了时代的变化。

直面女性职员问题

优衣库的文化氛围很好，各组织之间是平等的关系，无论年龄、性别、国籍，都会得到公正的评价，无论何时何地，谁都可以堂堂正正地发表自己的看法和意见。

在人事管理上，柳井正已经采取完全的实力主义，男女平等，员工年轻而有活力，平均年龄仅30岁。年逾40，刚到公司未满一年的营销经理内田文雄，已是少数高龄员工，他的直属上司比他年轻将近十岁，而担任执行董事兼营运本部长的若林隆广，不过38岁。

这些情况，表面看上去已经不错，但是柳井正并不就此满足。因为，他不能无视截止到2009年7月底，公司的执行董事只有三名外国人士、女性只有一名这样一种情况。原因很简单，优衣库想要成为全球第一的企业，不仅限于在日本国内发展，执行董事及经理级的干部中，必须有一半女性，一半外国人士，否则就不能称之为全球化的企业。

而且也只有达到这样的平衡点，才会得到全世界的尊重，才可能吸引到更加优秀的不分年龄、国籍、性别的人才。

说到这个问题，公司里有人强烈建议通过制度硬性规定。柳井正认为，做到这一点不难，但是前提是，真的有想努力工作成为职业女性的强烈愿望的女性吗？在公司内部，同事或上司真的可以做到真正理解女性，并为此提供必要的方便吗？

柳井正曾听说过一件令人吃惊的事情，一家百货公司的楼层经理说他能够清楚地了解该楼层所有女店员的生理周期。在那段特殊的日子中，女性总会有不同寻常的反应，此时出现的一些简单错误或者情绪化或者没精神等问题，都是可以得到谅解的。留意这些特殊情况的上司，才能称之为一名好上司，也才能深得员工的爱戴。

在对管理人员教育的过程中，一方面要让他们明白对待女性应该像对待男性一样严格，这样她们才能做出更优秀的成绩；另一方面还要关注她们特殊的生理现象，比如痛经、生育和产后哺乳等不利因素，是否想到了解决办法，至少能做到基本的尊重和沟通，这是最实际的问题。

现实情况是，在许多企业都存在着在女性提拔、晋升上肉眼看不见的无形屏障。一个优秀的企业，不应把女性的这些情况看成不利因素。因为这只是一个简单的周期问题，无论是月经、怀孕还是产后哺乳。

如果女性想成为职业女性，就必须同时兼顾家庭和职业。为此，公司方面，特别男性方面必须充分表示理解和支持。当然，女性自身也不能因此而放松自己。

对此，柳井正考虑得更深入一些：女性一旦结婚辞职后能够接受她的复职，一定时间的哺乳喂养结束后能否再回归原来的岗位；如果她是店长，一方面要让她提高自己的工作技能，一方面又要让她哺育好自己的孩子，这方面的机制如何设计。这些都需要根据各个不同的情况，加强理解，累积经验，才可能形成公司的制度。

2007年12月，在柳井正的倡议下，公司重新修订了生育及产后休假制度，这使女性有了一个能够比较长期在企业里工作的环境。另外，还启动了以开发女性店长的职业潜能，而制定的比较长远的、个性化的女性职业生涯设计为目的的"女性店长项目"。截止到2009年7月，优衣库已经有20%的门市由女性担任店长。

作为女店长，既是一家店的经营者，同时又身为人母，这就需要其付出很大的精力和时间。周末是优衣库的店铺顾客最多的时间，但周末也是家人团聚的时间，女店长如何能够更好地协调工作和休息，这是一个两难问题。柳井正也在不断摸索经验并不断尝试，比如采取一家店铺两个店长制等方式。

柳井正认为，如果按照常规方式，单纯对女性采取谦让的态度，并不是真正的平等。真正的平等应该是上司和女员工之间互相尊重，彼此若是互相坦诚，就一定能够促进团队的发展。

培养世界上顶级的经营者

2011年的到来，对于62岁的柳井正来说，更显紧迫。过去他曾对外宣称，要在60到65岁之间退出经营一线岗位。因为他个人认为，经营者在智力和精力上的高峰是在五十几岁的时候，这也是为什么他会选择在2002年时交出优衣库指挥棒，把经营重任交给当时才40岁的玉冢。

如今，距离当时宣布的退出经营一线岗位的期限还有3年。而媒体在除了报道销售业绩再创新高之外，也开始将话题或明或暗地指向优衣库未来的接班人、下一代的经营者的培养等问题上。没错，全球公开关注的优衣库下一代经营者问题，是当前这个62岁老人面对的最重要的一个课题。

为什么不传给自己的后代？这也是柳井正经常面对各种采访，一再需要回答的问题。在柳井正看来，日本的零售业，尤其是随着战后高度成长期发展的零售业，创业者不是传承给亲戚经营，就是一直掌控经营权直到晚年，这让企业的发展受到了限制。这给了柳井正很大的警醒，也是他不让两个儿子掌管优衣库的主要原因，反而是从外部挖来像玉冢这样的人才，试图培养成自己的接班人。

培养接班人的失利，在柳井正身上已经出现过两次。

第一次发生在1998年。当时，柳井正通过泽田贵司（1998年曾担任副社长）的帮助，觅得玉冢、森田俊敏（后来升任常务董事兼CFO）、堂前宣夫（现任上席经营委员）等优秀的人才，使得优衣库在2000年初期的成长获得重大成功。

到了2001年底，柳井正一度想把总经理职务交接给泽田，不过当时才44岁的泽田却因为某些经营角度不同而与柳井正经常发生分歧，最终萌生自我创业的念头，离开了优衣库。这是柳井正寻找接班人，面临的第一次挫败。

就像本书前面章节所阐述的，在泽田之后，柳井正找上玉冢接班。不过玉冢的表现不佳，这让柳井正放弃了寻找年轻接班人的这条路线，转而在优衣库实行委任型的董事制度。柳井正根据各董事的专业领域，将经营职责下放，让自己处于监督的地位，这是柳井正对经营接班人所做的第二次尝试。

为了在接下来的几年时间内，寻找出合适的新生代经营者，柳井正与一桥大学研究生院国际企业战略研究科的教授们一起，创立了名为 FR–MIC（迅销管理革新中心）的教育机关，然后从优衣库 40 000 名员工中，选拔出 100 位优秀的人才，正式开始进行企业改革及经营者培训。这 100 人，未来将和优衣库海外员工中选拔出来的另外 100 人，总计 200 个人接受未来经营者的教育和训练。

为了在 FR–MIC 中培养出真正的接班人来，柳井正找来前一桥大学国际企业战略研究主任、并且在 2010 年 7 月就任美国哈佛大学哈佛商学院教授的竹内高弘来帮忙，计划 FR–MIC 将和一桥大学、哈佛大学还有瑞士知名的商学院 IMD 合作，构筑出日、美、欧的三方教学系统，以培养 200 位经营干部。

在 FR–MIC 里，除了有商学院的教授外，还会找来顾问公司或外部的经营者来担任客座教授，在指导经营的原理原则之外，还会把优衣库内部发生的实际经营问题当成实例来讨论，通过解决实际问题的方式，来培养学员们关于经营的实战技能。

柳井正主张，成功教育的最终形态应该是——工作本身就是一种教育。

每个人通过自己的思考，同时在一个日趋完善的伙伴和团队工作的机制下进行工作。每个人都可以接受教育，同时又去教育培训他人。如果能够达成这种互为教育的结构，才有可能成为企业脱胎换骨、不断前进的原动力。

不过柳井正却更想透过FR－MIC来观察学员们的个人能力。关于这点，柳井正解释，全球化的第一个阶段是国家的全球化，第二个阶段是企业的多国籍化，不过目前正逐步转向第三阶段的个人全球化。因此，柳井正把优衣库正在进行的培训计划称之为"民族大移动"。

通过"FR－MIC"培训出来的精英员工只有在世界各地积累起丰富的海外经验，才能从容地应对因为地区和文化的差异而引起的各种误会和争端。想要实现优衣库的国际化，第一步是要让优衣库的员工具备国际化的理念，当每一个员工都完全国际化的时候，优衣库自然也从上至下完了国际化。

采用"民族大移动"的策略就是要消除员工固有的经营特点和经营方式，重新给他们灌输无差别的国际经营理念，真正实现民族上的无差别性。毕竟，只有先把自己改变，才能够改变企业的未来。

柳井正希望能在FR－MIC培养出愿意为优衣库事业奋斗一生的人才，他们既要有对公司的高度忠诚，又要同时拥有和柳井正一样，"一胜九败"也在所不惜的创业精神，FR－MIC能不能为优衣库和柳井正培养出真正的接班人选，时间会在未来给出答案。

以 100 分为目标去经营

优衣库初创阶段，只是一个微不足道的零售企业，但是柳井正一心努力服务客户，真正渴望服装销售到全世界，以此改善当时落后的日本服装产业，并改变人们对服装的传统销售理念。

这种强烈的使命感和不愿服输的好胜心支撑着柳井正带领优衣库团队，一路顽强拼搏。他发狠地工作，拼命地读书，走在行业的前列，与许许多多优秀的成功人士交往，在交谈中感受刺激和激励，学习如何经营企业。

事业做到今天，他的感受是：无论是一个人还是一个公司，最容易犯的错误之一，就是取得了一定成绩后就沾沾自喜，认为自己天下第一。他们没有想到，山外有山，人外有人。只要放宽视野，就会发现还有其他的单位和人比自己更强，值得自己学习。他们更没有想到，一时的成绩并不意味着永久的优秀，只有始终以 100 分为目标，不断找差距，才能获得更大的腾飞。

在一次与公司检察官安本的聊天中，安本问柳井正，如果给自己的经营成绩打分，你会打多少分？柳井正想了想说："70 分吧。"他解释道："我一直以 100 分的满分为努力目标，但经营也许会永远看不到完美的完成式。但即便如此，必须一直以 100 分作为目标来展开你的日常经营活动。"

接下来，柳井正还谈到了中国优秀企业海尔集团。认为在这方面，海尔的团队，从领导到员工一直都保持着最清醒的头脑。尽管他们很优秀，但是他们总是意识到自己可能和别人、和时代及市场的需求有很大差距，因此总是加强学习，提升自我，创造更大的辉煌。

2005年，海尔几名橱柜制造部门的员工参加了德国科隆家具博览会。

以前在中国国内，让他们最自豪的，莫过于经常听到参观海尔橱柜制造工厂的客人们说："跟海尔的工厂相比，其他橱柜商的工厂就是手工作坊，技术实力远赶不上海尔。"但在参观德国柏丽工厂时，他们却受到了很大的震撼："如果国内小厂是手工坊，那我们只能算是正规工厂，而柏丽则是厨具王国。"

整个柏丽工厂就是一个现代机械、电子、计算机工业设备的集成展示厅。工作人员只要坐在车间中央的控制室里，就可以轻松自如地控制整个车间的生产过程。从原料的接收和上道工序的半成品，还有将加工后的半成品、成品运到下道工序，及每辆货车发车的时间、需要运送的产品清单、抵达目的地的资料都一清二楚。

而且，更让海尔人吃惊的是，只要知道了用户的订单号，柏丽相关负责人就可以查出这套产品是正在生产还是包装或是已经发货，甚至连发货过程中的具体位置都可以查出来。这种先进的管理模式，与海尔想推行的人单合一的模式极为相似，但没想到这边早已通过计算机实施。这次德国之行，让海尔人看到了自己存在的差距，并开始将学习到的东西实施并运用到实践中去。

海尔人不仅善于从差距中学习，而且善于从问题中学习，这一点柳井正认为自己和他们很相似。

还有一次，海尔模具产品部的负责人一直有个迷惑不解的问题：在模具技术方面，海尔已经做得不错了，但是日本做出的模具在精细化程度上却远远超过海尔。为了查清差距到底在哪里产生的，这个负责人专程带队去日本实地考察。

去了之后，他们更加困惑，日方在硬件和人员方面均不如自己。既然如此，差距又是如何产生的呢？

后来，他们发现了一个小细节：一位操作工在上一个料件时，花了很长时间。问其原因，操作工回答说："我发现料件有毫米的误差，于是更换了合格的料件，就耽误了一些时间。"

见他们困惑，操作工继续说："别看这一点点小误差，做出来的模具差别就会很大，甚至不合格。工作中是不能有一点马虎的。"

柳井正曾说过："在我的周围，有很多值得我敬重的老师，每次都能教导我、帮助我。当我需要提炼想法、做出决断时，伸出手来帮我。公司内部的各级经营干部和员工是我的老师，公司外部的独立董事、咨询顾问及好朋友也都是我的老师。我总觉得自己懂得太少，所以以虚怀若谷的态度和孜孜不倦的旺盛求知欲向书本学习、向周边的老师学习，这是非常必要的心态。还有一点很重要，就是要多倾听别人的意见，听得进别人的意见。"

实际工作与生活中，柳井正也非常欣赏松下幸之助说过的"集思广益"，也钦佩其本人的身体力行。

其实，在我们的周围，那些奋战在第一线的员工往往最有智慧，经营者如果能集他们的智慧于一身，就会更加接近100分了。

顾客的创造

柳井正私下和公开场合都曾表示，自己这一辈子最尊敬的两个大师，一个是日本的企业家松下幸之助，另一个就是被誉为"现代管理学之父"的德鲁克。之所以这么说，是因为松下幸之助通过主观的视角做出独特性的个人理论，并将其用于企业的经营实践；德鲁克则通过客观的视角对企业及组织进行持续观察，并从中发现经营的本质。

柳井正自认为德鲁克的思想曾帮助他在优衣库的经营上克服了许多难关。德鲁克的每一本书，他都仔细阅读过，有些比较经典的书籍都被柳井正翻出了破损的边缘。

日本 NHK 教育频道中有一个叫做《知而乐》的 25 分钟的电视节目。2009 年 6 月，柳井正先后参加了四次录播，就德鲁克经营理论侃侃而谈。这则节目的制作人透露说，柳井正还曾经把他自己阅读过的德鲁克的所有书籍带到了现场，当现场的观众看到他在书本上的每一页都密密麻麻做满了笔记时，全都惊讶于柳井正的好学精神。

然而，德鲁克的书中并没有提到如何才能让服装销量更好，那为什么柳井正如此痴迷德鲁克呢？柳井正解释说，虽然德鲁克的书中并没有提到具体的经营方式，却有很多关于工作的本质、社会的本质以及人类的本质的描述。只要把这些高度抽象且理论化的语句吃透了，再灵活运用到公司的经营活动中，那一定是件受益匪浅的事情。

德鲁克曾留下很多关于经营方面的至理名言，柳井正认为指出了经营本质的那一句是"对于企业目的有效的定义只有一个，那就是顾客的创造。"

柳井正认为这句话的意思是说，企业在决定出售什么时，不如先思考一下顾客在追求什么，应该向顾客提供具有附加价值的商品。服装店卖高质量的服装，蔬果店把新鲜的蔬果便宜地卖给顾客等，他们通过各自的买卖生意，为人类和社会做出贡献，而企业也被容许生存下来。

对于企业，德鲁克如此阐述道：企业，不管怎么好的企业，都必须取得利润才能够存续下来。所以，获取利润对企业来说非常重要。但如果一个企业光追求利润，而不满足顾客，这个企业总有一天会被社会淘汰，而走向衰亡。

这一点，柳井正也深有体会。有很多人对优衣库的印象是：一个生产基本款休闲装、用低价格出售的企业。但比起低价格出售，我们更要优先考虑的是如何制作高质量的好的服装，让所有的人都能购买。而且，这种想法占先导地位，非常强烈。价格设定得比较低，为了达到前面所说目标的手段和定位。在我们的脑子里一直盘旋的是：对顾客来说，什么是具有附加价值的好商品？能够把这样的商品提供给顾客，就和顾客的创造紧密地结合起来。另外，给予其附加价值具体是指什么？柳井正认为，指做迄今为止没有的东西。这样的话，一百的东西可以做到一千，做到一万，市场潜藏着如此巨大的机会。

优衣库，不采用传统服装零售业中常见的委托加工贩卖的方式，而是完全由自己公司进行商品企划开发、制造、销售的一体化经营。这种做法最大的风险就在于一旦商品销售不理想，就要背负相对应的商品库存。如果一千日元卖不掉，就应不用客气地降到五百日元出售。冒风险，还暗指自己应能够控制这些风险，认清可能遭遇的所有风险，并且将之控制在可控范围之内。

关于"顾客的创造"，德鲁克还说："企业的目的，在各自的企业之外。"这一句是在探究零售业本身应有的状态时，非常重要的至理名言。

如果现在，只是把到店里来购物的顾客作为我们的目标客户群，那么，这个目标客户群不会自行扩大。我们设定的目标客户，应该是指那些现在还没有到过我们商店的顾客。也就是说，必须捕捉那些潜在的顾客需求。

为了让那些还没有到过优衣库的顾客来到店里，了解我们商品的好处，就必须研制开发出更多人所追求、想要的、附加价值高的商品。不管是新商品还是原来市场上就已经存在的商品，只要下工夫进行改良改善，抓住顾客的潜在需求，并且以低价格、丰富的种类展开，就能植入更高的附加价值。

为了不使店铺倒闭，努力使顾客能够心情愉快地光临店里，为了使来店的顾客能够喜欢我们的商品而提高商品力度，为了使新老顾客都能不厌其烦地再次光临，也为了能够一点点接近更加完善的公司、品牌、店铺、商品和员工，必须做出踏实稳定的努力。

如果不为了卖出商品而持续努力的话，商品就绝对卖不出去。认真地去观察、了解现场的状况，对感觉不妙的地方立即进行修正，不断重复。决不能把商品卖不出去或无法赢利归咎于经济不景气或者天气及他人。

大多数人把德鲁克的书籍都归于经营管理的类别，柳井正却对这种观念存在一定的异议。他从德鲁克的言辞背后，看到的是一个"指南针"。当他把德鲁克的书当做哲学书和人生指南来阅读时，才真正超越了阅读者的身份，才是把德鲁克的思维和自身紧密融合在一起的典范。

第5章 正视现实，顺应时代，自发地做出改变

第6章 完善自我，秉承社会责任

承担社会责任

在现在社会中,企业的力量愈来愈强大,如果为世界级的大企业,其力量甚至可能超越其所在的国家。而且,这种力量强大到超越国境,对任何一个国家都可能产生很大的影响力。有时,甚至会出现这样一种情况,国家也许会因为政治的弱势而无力改变社会,而企业却能运用其具有的影响力去改变一个社会。

苹果公司代表了世界的高科技产业,他们实现了通过指尖来改变世界的宏伟目标。之后,英特尔和微软也都成为社会变革的代表。柳井正深深觉得,如果自己不能够为这个社会做出一些贡献,那么就只是在庸庸碌碌地工作着。无论优衣库在什么地方,都应该为当地的社会做一些有益的事情。

说企业可以改变社会,是因为企业拥有这样的权力或权限。但在权力和权限的背后是责任,这是相辅相成、表里一体的。人也是这样，愈拥有权力和权限，就愈应该有敢于担当的责任感。

柳井正认为，企业是受法律保护的，是被社会认同的，是因在社会中发挥作用而存在的。当发展到在社会上拥有一定的权力和权限时，就必须时时考虑我们企业在社会上生存的意义，如何为社会做出贡献。

同时，作为企业人，还应该想到，消费者不仅了解你企业的外观形象，也知道你企业的所有内部信息。所以，如果你的企业不能全心地为社会做贡献而从事商业活动的话，人们就不会支持你，来买你的商品。人们在发生购买行为之前，会对企业及品牌作出一番甄选。

举例来说，如果你将要与某人一起共事，在此之前，你总会想方设法打听一下与此人共事是否合适等问题。譬如，我们要在一家公司订货，在下订单之前，也首先需要了解一下该公司的制造能力及生产速度如何。同样，人们的购物行为，也是相似的道理。

柳井正意识到，在日本，人们对快速发展的企业都有误解：认为企业发展得快，但也会如同流星一般，很快便消失在人们的视野之中。"快速发展就等于灭亡"这是日本社会早已经存在的公式。

很显然，这样的公式其实并不成立。只要有良好的经营理念，并且可以把经营理念从董事长到普通员工一路贯彻下去，在实际行动中去体现企业的社会价值，那时，一个具有鲜明企业文化背景的公司就可以对着全社会自豪地说出自己存在的意义。而大部分年轻的优秀人才只有真正明确社会责任时，才会意识到这一点的重要性。

要树立企业在社会上的正面想想，做公益事业无疑是最好的一种选择。其一方面让那个企业真真正正地为这个社会出了一把力，另一方面可以帮助企业很快地在公众心目中建立起良好的社会形象。

可惜的是，很多日本企业并不明白这样做的意义，其根本原因还是缺乏足够的社会责任意识，这并不是一眼就能看出来的问题，所以才更需要企业去多多学习。

开展回收计划

一家企业想要在社会上长久地生存下去，就必须要在社会活动中承担起必要的责任。也就是说，企业不但要追求经济效益，同时还要不断追求社会效益。努力去扮演让社会所认可的角色，才是长治久安之道。

在所有活动中，最令人印象深刻的是优衣库发起的一次全球性商品回收活动。这项活动从 2001 年开始，最初的回收对象仅限于羊毛类衣物，2006 年开始范围扩大到全部商品。回收的商品当初仅作为燃料等被循环利用。然而，世界上的很多难民却正因衣物不足而陷入困境。在 UNHCR（联合国难民属）的协助下，2007 年以后，回收的旧衣物全部捐赠给坦桑尼亚、埃塞俄比亚、乌干达、尼泊尔、格鲁吉亚等世界上 12 个国家的难民营，进行循环再利用。

从 2009 年 3 月 1 日起，这一活动从过去的一年展开 2~3 次变为全年实施。

回收的衣物将捐赠给世界上约 3 000 万的难民，让每个难民获得 1 件以上的捐赠衣物是这个活动所期待达成的目标。通过全年活动展开，2009 年共回收了 262 万件旧衣物，5 年内优衣库计划将这一数字增加到每年 3 000 万件。

优衣库的这一做法，为自身累积了大量的社会声誉。一些想要帮助难民但自己却力不从心的人，他们把希望全都寄托在了优衣库的身上。家中不想再穿或者已经过时的优衣库服装，在迅销公司的帮助下，终于派上了大用场。

为此，柳井正还和联合国难民救济总署以及各个地区的 NGO 组织主动联系，他们根据难民所在地的地理环境和气候因素的异同，派专人对回收的衣物进行分拣，以便能够准确地把衣服送到最需要的人手中。

柳井正说，这些衣服让难民区的人保持了最基本的做人的尊严。衣服不仅能够避寒，还能够防治受伤和传染病。并且，不少难民营中的小孩儿在有衣服可穿之后，还因此得到了上学接受教育的机会。优衣库的一个有心之举，可能就会从此改变一个人的一生。

深得好评的服装回收计划，让优衣库真正成为了改变世界的一员。

公开道歉

柳井正认为，一个企业有几万人，其中总会有些人发生这样那样的违规，或者是消费者认为的不合理行为。只要企业有这样一个意识——作为一个经营者采取尽可能隐瞒的做法、或者推托自己不知情、或者表态说不在自己的责任范围内等，就只会引起消费者的不信任，如果再用傲慢不逊的态度来面对消费者，诸如"我们一个大企业，这些鸡毛蒜皮的小违规总是有的"……那么，这个企业就会愈来愈远离消费者。

在 2000 年之前的那段日子，经历过各种失败之后，从对双面绒的宣传到原宿店的开业，优衣库终于走出了低谷期。1999 年 8 月的销售额超过了一千亿日元，这个数额大概是 1990 年 8 月的 22 倍，且店铺的数量增长了 14 倍。因为广告的宣传效果空前，所以所有的商品都达到了畅销的程度。

在池袋洞口店和五反田店开业的两天内，双面绒的价格更是降到了 1 290 日元。疯狂抢购的场面再一次出现，于是优衣库不得不再次采用限制进入店铺内顾客数量的方式来保证店铺正常营业。虽然增加了营业员的数量，可是依旧无法应对如此众多的前来抢购的顾客。

一般情况下，优衣库在做预算时，都会事先考虑商品万一卖不出去的时候应该怎么办，同时也会考虑万一脱销了应该怎么办。现在的情况就属于后一种，因为销量大幅度上升却没有及时追加生产，所以店铺内的双面绒商品很快被抢购一空。

日本人信奉"出头的钉子会被槌下去"的准则，在日本经济失落的15年里，有一群平民企业家，他们没有显赫的家世与经历，却敢于颠覆传统，打破陈规，创造逆势成长的奇迹，他们被形容为"出头钉"，但却是推动日本经济再起的民间力量。柳井正，就是其中的一根"出头钉"。

紧急情况下，柳井正出面做公开道歉。当时，在报纸上主要针对双面绒商品的存货不足和因为店铺内的混乱场面对顾客造成的影响而做出了道歉，并在道歉之后宣布"优衣库的双面绒正在快速生产中"——成功地做了一次公关活动。这一句话为优衣库吸引来更多的消费者。

还有一次，一位顾客因为裤子的维修费用偏高问题向优衣库总部写了一封投诉信。两天之后，顾客曾经光顾的那家店的值班店长直接打电话询问详情，并表达歉意。

电话沟通一个小时后，日本总公司客户相谈室打电话表示道歉，并且表示加强公司的管理，对于价格偏高的问题，已经反映到企划部门以及市场部门，争取以后多销售一些价格合理、质量好的产品。对于在消费过程中产生的不愉快，表示万分的抱歉，并且欢迎下次光临。

又过了20分钟，区域经理打来电话，对于在店里产生的不愉快，表示万分抱歉，并表示以后会对员工的服务意识有所加强，请务必再给他们一次机会，为了感谢还会免费送一条店内任何款式的裤子。

顾客情绪得到缓解之余，更加对优衣库品牌产生了信赖。

对此，柳井正说，当一个企业发生违规或涉及信用危机时，首先应该诚恳地向公众宣告"我们会非常重视这件事情，我们采取的对策是这样的，今后我们还要强化防范措施，杜绝类似的事件发生"等，以取得消费者的谅解。

雇用残障人员

任何一个企业都负有社会责任，都必须对社会有所贡献，这是理所当然的。优衣库一开始做的，是在店里面雇用残障人士。

日本法律规定，一个企业对残障人士的雇用率为1.8%，但优衣库的雇用率在2008年1月份时就达到了8.06%，远远超过国家规定的比例要求，在全国的大企业（员工人数超过五千名）中，达到顶级水平。现在优衣库约有八成的店铺都雇用残障人士。

优衣库原来在雇用残障人士方面的比例也是非常低的，没有达到法定雇用率，也因此交过罚金。

一次偶然的机会，在大阪的一家优衣库店里，因为无意中雇用了一些残障人士。结果发现，由于他们的到来，商店里员工之间的沟通变得流畅了。看到他们那么努力工作的样子，其他的店员就会想方设法去协助他们，并开始关心他们。由于我们的员工一般都比较年轻，第一次切身体会到应该关心协助一起工作的同事,人格也得到了提升。结果,这家店的工作效率高于其他的店铺。

鉴于雇用残障人士给整个公司带来了积极的正面影响,从2001年开始,柳井正开始要求各家店铺雇用残障人士必须一个店铺一名以上,其结果,达到了现在这种非常高的雇用率。

经过一段时间的考核发现,残障者和健全者在一起工作,两者之间并没有很大的差异。即使身心都健康的人,其实也都有这样那样的弱点和欠缺的地方;反过来,残障者的加入,只要多为他们着想一点,工作上他们是能够胜任的。大家作为一个团队一起工作,增加了团队的整体感和凝聚力,高效率的店铺也就产生了。

另外,因为残障人员得到雇用,其家属相比较正常家庭的家属而言,更具幸福感,本身也对残障人员起到了情绪激励作用,并直接反映到了工作的积极劲头上,他们更加热爱工作、生活和家人。可以说,这才是优衣库真正意义上的承担了社会责任,并为社会做出了贡献。

濑户内海橄榄基金等 CSR 活动

濑户内海拥有美丽的海域以及生长着原生态森林的岛屿,是种类稀少的内海,原本也是天然的鱼仓,日本列岛中最富足的海湾。但到20世纪40年代末,日本战败后需全力发展经济,工业布局开始向沿海集中，濑户内海沿岸更被选为最重要的工业基地，而濑户内海很快成了这些工业部门的共用下水道，工厂把未经处理的工业废水随意排入其中，这些废水里铜、铅、汞等重金属含量高得惊人。

1955年以后，濑户内海的污染日甚一日，原来十几年一次的赤潮，后来发展到一年几百次，鱼虾绝迹，三分之一的海底成了臭泥塘。在这个过程中，发生了震惊世界的水俣病——熊本县水俣湾的百姓吃了从濑户内海中捕捞的含有高毒性的汞污染的海产品，导致痴呆麻痹、精神失常，而且这种病会遗传，居民一代一代地往下发作。从20世纪70年代开始，日本开始着手治理濑户内海，用了长达近30年的时间，如今依然在治理当中。

从2001年开始优衣库在各店铺设置了治理濑户内海的募捐箱，希望可以得到顾客们的捐赠，同时公司还进行了等额的匹配捐赠。到2008年8月为止共募集到1亿300万日元的捐款，援助了57 000棵植树及22个团体，清理了岛内第四号朝拜寺庙的道路，还与岛上居民进行了深入交流。

期间，优衣库职员除了参加了优衣库志愿者俱乐部的植树活动，还在相关组织的指挥下，学习了废弃物问题，还在"丰岛是我们的问题网络事务局"的市村康先生的指导下，开展清扫北海岸、清除外来入侵植物丝兰、处理由于台风漂来的泡沫塑料垃圾的活动。

优衣库还配合"日本特奥会"（编注：透过体育活动，协助智能障碍者参与社会活动、建立自信的国际组织）举办了一些活动，进行了全方位的支持：举办了"优衣库儿童足球比赛"，紧急灾难发生时的服装提供，补助优衣库员工参与特奥会义工，所有商品回收再利用等其他的 CSR 活动。

另外，优衣库还进行了与合作单位之间是否存在纠纷等的问卷调查。到生产厂家去，定期调查工人的劳动环境等，并把调查结果写入"CSR 报告"中，每年公开发表。

2011 年 3 月 11 日，日本发生大地震。不久，柳井正据其官方网站声明，迅销集团捐赠 3 亿日元；全球迅销集团的所有职员捐赠 1 亿日元，共 4 亿日元；柳井正个人捐款 10 亿日元，因此援助金总额达 14 亿日元。这笔捐款将由日本十字会用于救援组织。

公司还将在其全部的 2 200 家门店中为救灾募捐，计划在全世界的优衣库、G.U.、COMPTOIR DES COTONNIERS、PRINCESSE、Theory 的各家店铺内设置捐款箱，接受顾客的捐助，由迅销集团负责将从世界各地募捐而来的援助金送往灾区。

此外，优衣库公司还向灾区无偿提供毛毯、毛巾、服装等生活必需品。向受灾地区捐赠由优衣库和 G.U. 提供的日常生活急需的防寒衣物 HEATTECH 30 万件，以及各类贴身衣物、外套牛仔裤和毛巾等救灾援助物资，物资总值 7 亿日元。

每周 4 天无加班日

CSR 往往被认为是企业对外的一种社会公益活动，但柳井正在把对外社会责任承担起来的同时，也把目光放在公司内部重要利益关系人的员工身上。

从2007年4月开始，优衣库开始将店铺内通过不同方式签约的非正式员工列为内部CSR对象，导入了将他们作为限定工作区域的正式员工的"区域限定内的正式员工制度"。这个制度的导入，将以前因为不愿调动工作而不能成为正式员工的那些员工，吸收到了公司正式员工的行列中来。到2008年年末，日本国内共有2 000多名的区域限定员工活跃在各家优衣库的门市。

并且，在东京本部，柳井正还将每周二到周五定为公司内定的不加班日——这是柳井正自己的理解和坚持。优衣库原来在山口县的宇部市，1998年总部搬到山口市，2004年4月又在东京都涩谷区开设了作为公司组织中枢神经的东京本部，前后时间还不到10年。但移居到东京之后，在东京本部工作的人都有一个共同感受：与过去在市区小镇上班相比，在东京上下班花在路上的时间明显消耗了很多。但为了更好地发展优衣库，大家依然兢兢业业，而且每天都会有非常多的员工工作到很晚，因为他们不希望消耗的上班时间对工作产生拖延。

可能对于一个刚刚毕业还没有成立家庭的年轻人来说，辛苦一些似乎理所应当。但这对有家庭、有小孩子、有老人需要照顾的，或需要在回家路上顺便买些东西的人来说，则是一件大事情，甚至可能会引发家庭危机，对孩子因为缺少必要的陪伴和沟通可能会产生心理伤害。当然，话说回来，即使没有这些成立家庭后的琐事，对于一个上班族而言，每天都加班到很晚，长此以往，对身心也不利。

事实上，长期的加班看似对工作有利，但是未必能提高工作效率。头一天的加班可能会产生效果，但是第二天就会明显产生负面效应，整个人会神情恍惚，工作也会注意力不集中，反而工作效率不高。

柳井正认为，长期加班还会产生更为严重的一个问题——那就是，很多员工看到其他人在加班，因此也跟着照样去做，由最初的不好意思下班，到最后努力地伪装成一个勤奋的员工，实际上已经脱离加班的初衷。

于是，柳井正坚决下了一道命令：公司到了晚上7点，必须全部关灯离开。

当然，这个命令看似坚决，但执行起来并不容易。最初，还需要柳井正亲自到一个个房间去关灯巡视。到2007年3月，柳井正干脆将每周4天无加班日写进了工作制度，坚决予以执行。

写进制度成了正规规定，大家当然因为无法加班影响工作进展而产生意见，但通过各自所需来调整各种工作方法等方式，最终也都开始正常执行了。

接下来，由此带来的益处也明显产生：无论工作多么忙，其实作一下岗位职责分析或盘点一下工作内容，会发现无效的开会讨论、闲置等浪费了很多时间。

也就是说，大家的工作节奏太过缓慢，其实完全可以在有限的时间内，加快工作节奏，把手里的这些事做完，然后赶快回家。

关于不需要大家加班而进行的制度调整，柳井正至今还在不断地探索，尽管看似应该把大量时间放在工作上，但是因此产生的负面作用进而影响工作本身，似乎就是一件得不偿失的事情了。

附录

柳井正经典语录

1. 创业不需要有什么特别的资质。我认为几乎所有人都能创业，重要的是自己做做看。不论失败几次都不气馁地持续挑战，在这样的过程中，就能培养出一位经营者。

2. 经营本身就是错误尝试的累积，失败是家常便饭。

3. 许多经营者都误解了"成功"的真正意义。自己认为完成了一件大事，这根本不能说是"成功"，搞不好是犯了"名为成功的失败"。一点点小成功，应该要立刻抛开，不该一味沉醉在小成功里。

4. 经营环境瞬息万变，模仿别人的想法或方法，或仰赖他人的偷工手法绝对无法成功。复习自己跟他人的成功例子，也没有意义。这世上根本没有成功的秘诀或方程式，迷失在成功的假象中或沉迷在过去的小成就里，是绝对达不到真正的成功。

5. 世人把我看做成功者，我却不以为然，我的人生其实是一胜九败。如果说取得了一些成功，那也是不怕失败、不断挑战的结果。

6. 体育运动是尽最大努力，越练习越能得到提高。买卖活动也是需要不断地进行试行，不断地练习、挑战的话就可以得到发展。

7. 需要"从事改变"的两个标准：第一，是从现在的延长线上来说，投资已经不可能回收，或看不到回收的可能性；第二，它只是延续生存，但不能成长再扩大，我认为这是没有前途的，这个时候我们应停止或改变方向。

8. 做生意就是要实践，经营也是要实践。只用头脑想或只参考知识分析，根本都还没有实践过，就不能直接判断不可行进而止步。

9. 没有实践相伴的思考，有纸上谈兵之嫌；而光做不思考，则是愚昧。

10. 不想成长的人，没有干劲的人是不行的，是没有资格做生意的。

11. 计划未来，是为了活在未来。如果不拼命努力，不可能一直维持现状就能生存，如果不想未来自己要变成什么样，没有这样的意志，在将来是不可能存活的。

12. 在这个世界上，没有人可以教你，一定要自己努力，不自己努力是不行的。

13. 第一名与第二名及以后的名次，是完全不一样的，第一与第二不是数目相差一，而是有本质上的差异。在事业经营中，能够让事业持续受益、扩大的只有第一，第一之外的事业的发展前途相对来说比较渺茫。与运动竞技相同，在奥运会中，让大家印象深刻、进入脑海的永远都是金牌，而不是银牌或铜牌。

14. 每个人都讨厌失败，如果你把它盖上盖子埋葬，你只会重复同一种失败。失败不只让你受伤，失败一定会蕴含下一次成功的芽，一边思考一边修正，才不会有致命的失败。

15. 正因为抱有改变世界的信念，才努力实现了自己的梦想。这也说明，企业如果没有使命感，就不可能实现快速成长，也不可能取得好的经济效益。如果今天还在做昨天的事，那么谁都不会在乎你。如果我们做的生意对社会没有什么好处，那么企业就不可能挣到钱。所以我们下定决心，一定要成为一家对社会有用的企业。我们还相信，一家光想着赚钱的公司，是招不到优秀的人才的。

16. 如果要赢在世界、赢在未来，必须具有品牌并树立品牌，顾客在购买商品时并非单纯地考虑商品的性能机能，而是在感情引起共鸣时才会购买。也就是说，品牌代表一个企业、一个经营者的精神和他的价值。

17. 我们的企业是要不断地挑战与自我革新，正如史蒂夫·乔布斯，他将苹果电脑普及为个人电脑，然后又用 I POD 改写了音乐产业，同时用具有移动处理功能的 I PHONE、I PAD，改写了移动电话的机能。如此，也许我们应该也可以做成这样的事业，我们未来应该做的产业不就是这样的产业吗？这是我的想法，那么全球通用的企业就等于创造各项商业流程的集合体，创造崭新的组织，向行业指出崭新的方向性。

18. 我们的成功，我认为有以下几点：首先是我们企业姿态，然后我们有勇气去挑战，并彻底地执行，我们有非常明晰清楚的经营战略，同时我们经营者的水平、员工的素质以及我们一直在奉行的低成本经营，这都是我们成功的因素、要义。

19. 我们是改变服装、改变常识、改变世界，创造真正优秀的公司。我们冲着这个目标和全体员工一起时刻努力着。

20. 一个事业成功的领导者，应该认清自己的优劣势，时时审视自己的思维，这实属不易。

21. 决定未来命运的，是现在的你和你亲力亲为的行动。

22. 身为经营者，首先你必须是一个对工作充满激情的人。然后你必须让你的所有部下，一个也不能落下，也都成为对工作充满激情的人。同时，建立积极的团队协作精神。没有团队协作，任何工作都推进不了。

23. 没有对工作的高标准，没有对自己的严格要求，是完全不能在这个世界上立足的。做一天和尚撞一天钟的人和每天积极挑战自我极限的人，若干年以后，将会是天壤之别。

24. 不管你从事什么工作，每天的工作就是持续地挑战。没有挑战性的工作不是工作，没有挑战性的人生枉为人生。

25. 说到底，这个世界上并不存在成功的秘诀和方程式，我们绝不能被眼前所谓的成功冲昏了头，或念叨着过去曾经有过的小小的成功不放，"稍稍顺利一点就以为是成功"的想法是万万要不得的。

26. 一点点小的成功会导致自我满足，而满足就会导向求稳发展。一开始就以安定发展为目标是要不得的。为了追求真正的成功，经营者必须亲力亲为，在困境中不断地进行挑战，企业才有可能获得真正的稳定成长。

27. 经营公司，如果稍不努力，它就会顷刻消灭。所以，经营公司必须时时刻刻怀揣"危机感"。要想让公司更好地成长发展,"满足现状"是愚蠢至极的,必须经常否定现状,持续地进行改革。反之,如果做不到这一点,公司只有死路一条。

28. 创业和经营就应该像狩猎一样,看准机遇之后就应该主动出击。不要害怕冒险,冒险是增大收益的一种方法。

29. 请你这样反思自己——

你是每天工作最认真的那一个人吗?

你的工作对象有对你的工作做出较高评价吗?

你有了解最糟糕的现实状况,并找到最合适的解决方案吗?

你比世界上的任何人都忠于自己的职务吗?

你比任何人都熟知顾客的需求吗?

为了顾客,你今天做了什么?

你比任何人都了解如今的市场状况以及竞争对手的每一步棋吗?

你有胜过竞争对手下一步棋的策略吗?

有没有把理想摆在最重要的位置上?

你的工作比世界上的任何人都具有创新性吗?

为了成为世界第一,你是不是比任何人都付出更多努力?

30. 人不能听从他人各种言论而行动,企业更不能按照其他公司的意图来发展,应该发挥自己的主观能动性来做事。理想和目标根据个人和企业的不同而不同,想创设自己理想中的公司,不亲自控制就无法达成。

31. 如果你认为自己是专业的,就要以"胜利"为目标。不能获胜的专业选手是没有价值的。好比体育运动,总是失败的团队早晚都要从世界舞台上退场。

32. 光说挑战是不够的,要有"积极地挑战",或者说是"一定要解决它"这样的强烈意识。回避困难和竞争的企业将全部被淘汰,这一点,无论国家、个人还是企业,都是相同的。

33. 要知道,我们能做到的,竞争对手同样也能做到。在卖家来看,自己和其他公司大有差别,可是在买家看来却没有什么太大的不同。因此,"要成为什么样的公司"向顾客传达这样细致的信息,相当重要。

34. 对自己公司的事业和自己所要完成的事情要高标准严要求。你不能只想到这是上司交代的事情,或者是公司交代的事情,而完全不追求自身的成长。还有,不能将个人的工作按照最高标准完成,这样公司就不会继续下去。

35. 光明正大地做事,就是要在合适的时候赞扬工作做得出色的人,提醒还没有做好的人注意。

36. 经常去思考梦想及目标,反复踏实地去实行实务,不断地进行挑战的话,梦想与目标就一定能够实现。